Uitbreken voor familie

Achter Baren, Volume 1

Jens Van Wolput

Published by Jens Van Wolput, 2023.

While every precaution has been taken in the preparation of this book, the publisher assumes no responsibility for errors or omissions, or for damages resulting from the use of the information contained herein.

UITBREKEN VOOR FAMILIE

First edition. March 17, 2023.

Copyright © 2023 Jens Van Wolput.

ISBN: 979-8215683156

Written by Jens Van Wolput.

Hoofdstuk 1

Zéni keek in het zwarte gat dat ze de afgelopen dagen had gemaakt, het was moeilijk geweest om het ongemerkt te doen in een kamer van acht man, maar het was gelukt en daar was ze best wel trots op.

Terwijl ze daar stond was Zéni alles aan het overdenken van de afgelopen twee maanden, hoe alles zo gemakkelijk had geleken tot het noodlot toesloeg en ze gearresteerd werd. Ze werd opgesloten in een mensonwaardelijke kamer en daar zat ze nu al twee maanden.

Het was allemaal begonnen bij die stomme deal die fout liep, een kleine fout van de koper en ze werd tegengehouden door een BOB. Zéni had al het gevoel dat ze de andere straat in moest lopen en wist het al helemaal toen de man haar volgde en haar op de hoek tegenhield om iets te vragen, maar toen was al het te laat.

Ze werd weggebracht naar het politiekantoor, honderd meter verder. Ze vond het nog altijd ironisch dat de meeste deals vlak onder de neus gebeuren van het politiekantoor. 'De beste deals zijn altijd degene die onder de neus van de agenten gebeuren, ze verwachten het niet en gaan zich meer richten op andere plaatsen' had iemand haar ooit gezegd en tot de dag van vandaag was het altijd juist geweest. Toen ze in de cel gebracht werd had ze zich al neergelegd bij haar lot, ooit moest het ervan komen wist ze, en beter dat het nu gebeurde dan als ze oud was en geen toekomst meer had als ze buiten zou komen.

Na twee uur in de kleine cel met een aluminium wc en een baksteen bedje met een versleten deken kwam de agente weer aan de deur. 'Mevrouw, uw advocaat is er, we gaan beginnen aan uw verhoor.'

Ze haalde Zéni uit de cel en gaf haar haar schoenen terug, zonder veters deze keer, en begeleidde haar naar de verhoorkamer waar een vrouw al zat.

'Goedenavond mevrouw, mijn naam is Valerie Janssen, ik ben uw advocaat. Ik ben opgebeld door de politie om u bij te staan bij uw verhoor,' waarna ze zich wendde tot de agente. 'Ik zou nu graag het half uurtje hebben om te bespreken met mijn cliënte, ik zal u halen als we klaar zijn.' Met deze woorden draaide de agente zich, duidelijk geïrriteerd dat ze op haar vingers werd gewezen door een advocaat, om en liep de ruimte uit.

'Dus, mevrouw Valler is het?'

'Klopt, Zéni Valler.'

'Oké, ik ga u wat vragen stellen om u beter te leren kennen. Dan zullen we overleggen hoe we dit verhoor gaan doen, is dat goed voor u?'

'Ja, tuurlijk meester.'

'Oké, wat is uw geboortedatum en plaats?'

'Ik ben geboren op 3 maart 1997 en in Brasschaat.'

'Oké, en uw woont in?'

'Ik woon in de Frans de l'Arbrelaan 25, 2170 te Merksem.'

'Oké, en je bent gepakt met?'

'Ik ben gepakt op straat voor cannabis, maar thuis ligt nog een beetje cocaïne en xtc-pillen.'

'Heeft u een idee hoeveel?'

'Neen.'

'En dit is van u?'

'Ja, een dame mag wat bijverdienen, hè?'

'Ja, natuurlijk, maar beter niet op deze manier, want nu zit u hier.'

Daar had Zéni geen tegenantwoord op. Ieder zijn vak, dacht ze bij zichzelf.

Mevrouw Janssen keek op van haar papieren en keek Zéni in haar ogen. Ze had grote blauwe ogen, ogen die je zou kunnen vertrouwen als ze niet van een advocaat waren.

'Mag ik nu eens even iets vragen? Ik ga dit niet noteren maar ze gaan het wel vragen. Wat doet een vrouw in die wereld? Het is een mannenwereld, dat hoor je overal.'

'Juist daarom is het perfect voor een vrouw, die krijgen alles gedaan.' Na die woorden zag ze een kleine glimlach rond de mondhoeken van mevrouw Janssen.

'Oké, wat ik voorstel is dat u gewoon niets zegt. We weten niet wat ze hebben en de agenten weten niet wat u hebt, snapt u?'

Zéni knikte met haar hoofd. Klonk logisch, dacht ze

'Dus u zegt nu gewoon niets erover, ook niet zeggen 'wil ik niet zeggen', of 'antwoord ik niet op'. Uw zwijgrecht is letterlijk zwijgen, bent u klaar?'

Ze stond rechtop en ging de agente halen, die onmiddellijk kwam en achter haar pc ging zitten.

'Mevrouw Valler, ik ga u uw rechten nog even voorlezen en dan beginnen we. Uw advocaat mag niet tussen het verhoor komen, zij zit hier enkel om samen te overleggen, wat u net hebt gedaan. Ook zit zij hier om erop toe te zien dat uw rechten niet geschonden worden. U hebt ook een zwijgrecht waar u beroep op kunt doen en u kunt één keer overleggen met uw advocaat daar krijgt u dan vijftien minuten voor, alles begrepen?'

'Ja, klaar en duidelijk.'

'Oké, kunt u even uw naam, geboortedatum en -plaats en woonplaats noemen?'

'Zéni Valler, ik ben geboren op 3 maart 1997 in Brasschaat en ik woon in de Frans de l'Arbrelaan 25, 2170 te Merksem.'

'U bent gepakt voor verkoop in verdovende middelen, wat wilt u erover kwijt?'

Stilte.

'In uw appartement is 300 gram cocaïne gevonden, 20 gram cannabis en 20 pillen xtc, wat wilt u erover kwijt?'

Stilte.

'Met wie werkte u?'

Deze vraag werkte zoals een rode lap bij een stier en ze vloog uit.

'IS HET OMDAT IK EEN VROUW BEN DAT U DENKT DAT IK NIET ALLEEN KAN WERKEN? IK BEN MEER WAARD DAN WAT MANNEN EN IK KAN ZE LATEN DOEN WAT IK WIL!'

'Mevrouw, wilt u een beetje kalmer worden of dit is gedaan.'

'Oké. Mevrouw Janssen, bedankt voor uw komst, breng me dan maar terug naar mijn cel.'

'Als u dit doet zet ik in uw verslag dat u niet meewerkte en dat gaat de onderzoeksrechter niet goed vinden.'

'Mevrouw, als u dit doet kan ik verklaren dat dit verhoor nietig wordt verklaard. Mijn cliënt heeft niet geweigerd mee te werken, ze heeft beroep gedaan op haar zwijgrecht en heeft nadien gedaan wat u vroeg en is terug naar haar cel gegaan. Mijn cliënt treft geen schuld dus misschien kunnen we het beter hierbij laten.'

De agente wist even niet meer wat te doen en ging toen maar naar buiten om een kopie te halen van de verklaringen.

Na het tekenen van het verhoor werd Zéni terug naar haar cel gebracht en viel ze in een droomloze slaap.

Toen ze wakker werd wist ze niet hoelang ze had geslapen al voelde het niet zo lang aan.

'Sta je op? Dan brengen ze u weg naar het hoofdkantoor de amigo's,' zei de agente die aan de deur stond.

'Hoe laat is het?'

'Het is nu zes uur 's ochtends, je bent hier zeven uur.'

Zéni stond op en de deur ging open. Ze stapte weer in de veterloze schoenen, maar ze merkte er niet veel van. Haar hoofd stond alleen op slapen, wat ze raar vond want uiteindelijk had ze toch een beetje geslapen.

Voor het gebouw stonden twee agenten in vol uniform en een gezicht dat ze naderhand niet meer kon herinneren. Ze stapte achter in de combi met haar handen voor haar geboeid en werd in een waas meegenomen.

De rit duurde niet lang. Het is zondag, iedereen is lekker thuis in zijn bedje aan het liggen, dacht ze langzaam bij haar eigen. Toen ze er waren stapte ze uit en werd ze begeleid naar binnen waar een oud bureau stond met een nog oudere man erachter. 'Gaat u op het bankje zitten, doe uw jas uit en wacht even,' zei een van de agenten die haar begeleidde.

Beide agenten liepen naar het bureau en vulden documenten in waarvan ze niet wist wat het was en de agenten fluisterden onder elkaar. Na een tijdje hoorde ze rechts van haar iets en ontdekte een open deur met een mannelijke agent in de deuropening. Hij was een grote man met zijn rechterarm vol tattoos en een dikke zwarte baard in combinatie met een kale kop wat wel een grappig zicht was, vond Zéni.

'Komt u maar hierheen, mevrouw,' zei hij terwijl hij haar wenkte. Onwennig stapte Zéni op en liep naar de deur en ging naar binnen. Toen ze eenmaal binnen was stond er links een machine met een scherm rechtop zoals een computer maar ook een scherm plat waar normaal het toetsenbord zou zitten. Ze begreep er niets van, er waren voeten op de grond tegen de muur getekend en aan de overkant een kleine camera die op een bureau stond waar een vrouwelijke agente zat. De agente leek rechtstreeks uit een serie van Aspe genomen en leek meer op een actrice die de algemene Nederlandse taal moest overbrengen naar de kijkers.

'Goedemorgen mejuffrouw, gaat u alstublieft op de voeten staan met uw gezicht recht naar de camera,' zei de vrouw met een spoortje van een Nederlands accent waardoor het niet simpel was te bepalen vanwaar ze afkomstig was. Zéni ging op de voeten staan en keek recht in de camera.

'Goed, nu eventjes naar uw linkerkant draaien alstublieft.'

Zéni draaide naar links.

'Perfect, u doet het heel goed, nu eventjes naar uw rechterkant alstublieft.'

Zéni draaide naar rechts.

'Oké, heel goed gedaan meid, ga nu maar naar de vingerprint.'

Blijkbaar was de machine die Zéni niet herkende de vingerprintmachine.

'Leg uw wijsvinger er maar op en wacht,' zei de agent met de tattoos.

Zo gingen ze alle vingers af van de beide handen samen met de volledige handpalm en tot Zéni's verbazing ook de zijkanten van haar handen.

Uiteindelijk was ook dit ook gedaan en werd ze via een verhoogd platform dat via de achterkant van het kantoor in de andere kamer naar de cellen liep naar haar eigen celletje gebracht, deze was volledig gemaakt van aluminium en het was er bloedheet.

Heel goed, dan kan ik tenminste mijn trui gebruiken als hoofdkussen, dacht ze al lachend en het verbaasde haar dat ze niet meer angst had voor de toekomst die ging komen.

Ze ging liggen en viel direct weer in slaap in de broeikas van een cel.

Toen ze wakker werd was ze even gedesoriënteerd en lag ze in haar eigen zweet. Na een tijdje herkende ze haar cel met de wc in de hoek en een broodje kaas voor de deur. Als een hongerige hyena ging ze erop af en stak het bijna in één keer in haar mond.

Toen ze het broodje op had hoorde ze de deur en toen die openging moest Zéni even haar ogen afwenden voor het licht dat van de gang kwam.

'Kom naar buiten, doe je schoenen aan en dan boeien we u.' Weer een andere agent die haar kwam halen.

Ze deed wat ze vroegen en deed haar handen voor haar buik om ze te laten boeien.

'Loop nu maar naar voren en ga zitten op het bankje.'

Zéni volgde gedwee wat haar werd opgedragen en eenmaal op haar bankje kreeg ze nog gezelschap van drie mannen die haar heel goed in de gaten hielden.

Eén van de mannen had een dun baardje, kort haar dat in pieken naar boven stond met blonde kleur, jeans en een zwart T-shirt.

De andere twee hadden allebei geen haar, een van de twee mannen had een ringbaardje en ze hadden allebei een zwarte trui en trainingsbroek aan.

'Ze zijn hier allemaal, wij zijn klaar voor transport.'

'Transport? Naar waar gaan wij?' vroeg de man met blond haar.

'We brengen jullie naar het Justitiepaleis, waar jullie te horen krijgen of jullie verder worden aangehouden of in vrijheid worden gesteld.'

Ze werden verdeeld in een busje dat zes verschillende vakjes had, met plexiglas tussen ieder vakje en een apart deurtje van ieder vakje. Zéni ging achteraan zitten aan het raam zodat ze naar buiten kon kijken. De ramen waren gelukkig getint zodat je van buiten niet naar binnen kon kijken.

Ze gingen de baan op en waren snel op de Antwerpse Ring naar het Zuid en gingen het Paleis binnen via de achterkant waar ze weer werden afgeladen. Ze stapten uit en gingen een dubbele deur door, de trap naar beneden en toen naar rechts waar ze in een groot lokaal kwamen met een betonnen 'bank' in het midden om op te zitten.

Toen iedereen binnen was ging de deur met een grote smak dicht en daar stonden ze dan, niemand zei iets maar iedereen keek haar aan Ze ging in een hoekje staan zodat ze niet verrast kon worden langs achter en keek iedereen rustig en berekenend aan. Bang was ze niet want ze had nog vroeger vechtsport gedaan en wist dat mannen één zwakte hebben die tussen hun benen hangt.

Na een tijdje ging de deur open en verscheen er een vrouwelijke agent die alles in de gaten hield. 'Mohammed Kud, hier komen en naar cel 3 lopen.'

De kale man zonder ringbaardje liep naar haar, keek nog eens één keer naar Zéni en liep toen door.

De vrouw wachtte even tot de man in zijn cel zat en ging toen verder. 'Kristof Lauwers, hier komen en doorlopen naar cel 10.'

De man met blond haar liep door en verdween door de deur.

'Zéni Valler, hier komen en doorlopen naar cel 13.'

Zéni wandelde naar de deur en zag een hele lange gang met om de zoveel meter tussen elkaar dikke blauwe deuren met raampjes erin en luikjes ervoor. Ze liep er dertien voorbij en ging bij de agent staan die er stond en haar van de boeien ontdeed en ze keek toen de cel in.

Een bankje waar je niet op kon liggen en dat was het. Alles was van beton en oud en vies. Ze ging naar binnen en de deur ging dicht, toen kwam het angstgevoel. Ze had nooit last van claustrofobie of angstaanvallen gehad, maar daar in die 'cel' kwamen ze allebei heel snel. Er was niets van frisse lucht en de bakstenen bank was zo glad dat ze eraf gleed. Ze ging liggen en probeerde te slapen wat natuurlijk nu niet lukte. Ze vloekte. 'Waarom heb ik de afgelopen uur zoveel liggen slapen?' Vergeleken met dit was het warme lelijke celletje waar ze vandaan kwam een viersterrenhotel.

Na uren in die cel te zitten moest ze heel nodig naar de wc en begon op de deur te bonken. Na wat wel een eeuwigheid leek kwam er eindelijk een agent die haar meenam naar exact dezelfde soort cel alleen waar de bank was veranderd in een wc, de vuilste wc die ze ooit had gezien.

Ze legde wc-papier op de bril om deze niet te hoeven aanraken en squatte er een beetje boven en deed haar boodschap. Dat is ook een eerste keer dat ik dat zo moet doen, dacht ze, en ze waste haar handen in een aluminium wasbakje. Ze klopte op de deur en moest weer lang wachten, eenmaal weer in haar cel deed ze wat ze hele tijd deed: proberen te slapen.

Hoofdstuk 2

Het luikje van de deur ging open en daar kwam het pokdalige gezicht van een agent. De deur ging open en de agent kwam in de deuropening staan. 'Kom naar hier. Draai u om, dan boeien we u.'

Eenmaal geboeid ging Zéni mee met de agent, de andere kant van de gang door dan ze gekomen was, naar twee liften. Toen ze daar was aangekomen keek ze even op naar de agent. Los van zijn haakneus had hij een dikke grijze snor, waardoor zijn neus nog meer opviel, en dun grijs haar naar één kant van zijn gezicht gekamd.

De deur van de rechtse lift ging open. Ingestapt drukte de agent op een knop en liet zijn badge zien tegen een badgelezer. De lift klom gestaag naar zijn eindbestemming.

Ze stapten uit de lift en gingen door een lange gang met om de zoveel meter een deur met bordjes erop zoals "Kamer van eerste raad" en nog meer die ze zich daarna niet meer kon herinneren. Na drie of vier deuren klopte de agent aan en ging naar binnen nog voor iemand iets kon zeggen. Daar binnen zag ze twee tafels recht voor haar die samen tegen elkaar een zeshoek vormden. Toen ze links keek zag ze twee grote bureaus die in een L-vorm tegen elkaar stonden en twee stoelen waarvan één al bezet door haar advocaat. Achter de bureaus zaten recht voor haar een oudere man met een kale plek boven op zijn hoofd en daaromheen pikzwart haar en een dun baardje in dezelfde kleur.

Rechts van hem zat een vrouw ijverig te typen op de computer die voor haar stond. Zéni kon haar niet goed bekijken door de stapel documenten die tussen hen in zat.

'Gaat u zitten,' zei de man met een brute stem. Ze ging zitten op de enige stoel die vrij was, werd van de boeien ontdaan en bedankte de agent met een hoofdknikje.

'Mevrouw Valler, ik ben onderzoeksrechter Maes, ik ben hier om te bepalen of dat u naar de gevangenis gaat of dat u vrij gaat al dan niet onder voorwaarden.' Hij keek even op naar haar en zuchtte. 'U bent op 8 februari in het jaar 2020 van onze heer gearresteerd op verdenking van het verkopen van verdovende middelen, hoe pleit u zelf.'

'Wat u hebt gevonden hebt u gevonden hè meneer, daar kunnen we niet omheen.'

Maes keek even verrast op en zei toen tegen de griffier links van hem: 'Noteer dat mevrouw Valler heeft bekend dat de drugs bij haar thuis was. En van wie was die drugs, mevrouw?'

Stilte.

'Bent u bereid iets te zeggen over wat we hebben gevonden, mevrouw?'

Stilte.

'Noteer dat mevrouw Valler niet wenst mee te werken en hierbij veroordeel ik haar tot gevangenisstraf. Mevrouw, u wordt naar de gevangenis gebracht, binnen vijf dagen komt u weer voor en ik hoop dat u uw gedachten dan op een rijtje hebt kunnen zetten en dat wij verder kunnen. Heeft u iets toe te voegen, mevrouw de advocaat?'

Janssen stond op en keek even iedereen in de ruimte in de ogen om er zeker van te zijn de aandacht van de kamer te hebben. 'Beste meneer de onderzoeksrechter, wij vinden het de juiste keuze mevrouw voor vijf dagen naar de gevangenis te sturen maar niet voor haar om na te denken maar voor jullie om haar dossier even te bekijken zoals ik heb gedaan afgelopen avond.

Mevrouw Valler is haar hele leven al een weeskindje, mama is gestorven bij de geboorte, vader is nooit opgedoken, ze is opvangtehuis in en opvangtehuis uit gegaan en toen ze achttien werd is ze door de staat gewoon op straat gezet. Nu moet u mij eens zeggen wat er van een meisje meestal komt die dit meemaakt.' Ze stopte even om haar woorden kracht bij te zetten. 'De meesten kunt u terugvinden achter glas in de Schippersstaat, maar niet mijn cliënt. Mijn cliënt heeft ervoor gezorgd dat ze kon doen wat de staat eigenlijk moest doen, voor haar zorgen. Ik zou willen vragen om dit in gedachten te houden de volgende keer dat hier een jonge vrouw staat die geen andere keuze had om te overleven.'

Stilte, het was nog nooit zo stil geweest in de ruimte, dacht Zéni. Het enige geluid kwam van het toetsenbord van de griffier die haar toetsen beroerde als Beethoven met een symfonie deed.

De advocaat stond op, liep naar de tafel waar een papier lag, ondertekende het en zei tegen Zéni: 'Ik kom u bezoeken wanneer u binnen bent en dan praten we verder, houd u sterk, u bent zo weer buiten.'

Zéni werd overeind geholpen door de agent en naar de tafel geleid.

'Als u dit papier even wilt tekenen mevrouw, het is een kopie van het oordeel.'

Ze tekende en werd weer geboeid.

De weg terug gebeurde in een gelukkige staat. Ook al moest ze naar de gevangenis, de advocaat zat goed. Ze durfde de schuld bij de staat te leggen en dat was wat nodig was, er was hoop voor de zaak.

Terug in haar celletje werd het haar even te veel en kwamen de herinneringen terug boven. Haar moeder was gestorven en haar vader was het afgetrapt, wel dat was wat de pleegouders toch altijd zeiden. Drie waren er gekomen en gegaan, overal was ze weggelopen of had ze wel iets gedaan waardoor ze er niet meer mocht komen. Vanaf haar dertiende zat ze al op straat en was ze aan het stelen en toch had ze nergens spijt van want wat is het leven zonder risico.

Toen ze wakker werd, werd haar deur geopend Ze kon zich al niet meer herinneren dat ze in slaap was gevallen maar haar wangen waren nat van de tranen. Geërgerd veegde ze ze weg, ze had al tien jaar niet meer gehuild en zou er niet mee beginnen ook.

Ze werden weer via dezelfde weg in dezelfde auto gezet op dezelfde plek en reden weg. Ze reden het Paleis uit over de leien, straatje in straatje uit, zoveel bochten dat Zéni niet kon volgen en voor ze het wist stonden ze voor een groene poort in een straat die ze niet herkende.

De poort ging open en de auto reed naar binnen. De mannen werden uitgeladen en door een grote deur naar binnen gebracht, Zéni moest blijven zitten en wachten tot iedereen binnen was.

Uiteindelijk kwamen ze haar halen en nog voor ze iets kon vragen zei de agent. 'Wees blij dat u er niet bij stond, die mannen waren u in hun dromen al aan het uitkleden.'

Ze kon alleen beamen dat als ze de kans hadden gehad het al was gebeurd.

De wandeling van de auto naar de deur was kort maar toch had Zéni genoeg tijd om rond te kijken. Het gebouw was uit oude baksteen opgetrokken en had overal scheuren in de mortel en elk raam had witte tralies voor de ramen, een echt deprimerend zicht.

Onderweg naar de deur kwam ze een klein wit kotje voorbij met allemaal lockers voor en terwijl ze ernaar staarde zag ze een agent zijn wapen in het kastje leggen en het kastje op slot doen.

De agent deed de grote deur open en duwde Zéni naar binnen en deed de deur weer dicht achter hun twee. Waar ze nu binnen stonden was een soort sas met de deur achter hen en een traliedeur voor hen, een gezoem duidde aan dat de deur los was en de agent deed deze dan ook open.

Binnen zag ze een klein bureautje voor zich, een glazen kooi rechts van haar en drie deuren. Ze werd naar één van de deuren gebracht wat een wachtruimte bleek. Eenmaal binnen hoorde ze stemmen op de gang en zag ze dat er een oudere vrouw achter het bureau was gaan zitten en praatte met de agent. Wat ze zeiden was onverstaanbaar en na een paar tellen wenkte ze Zéni.

Ze werd ontdaan van haar boeien. 'Leg uw wijsvinger op het schermpje.' Er was een klein rond bolletje precies bevestigd aan het bureau waar in de bovenkant een rood schermpje in was bevestigd.

Ze legde haar vinger erop en wachtte. 'Wat is uw naam, kind?' vroeg de vrouw met een moederlijke stem.

'Zéni Valler.'

'Oké, haal je vinger er maar af en loop links door naar de eerste deur, mijn collega helpt u dan verder.'

Zéni keek naar de weg die ze aanduidde en werd verrast. Er waren drie van die traliedeuren, een stuk of zes deuren aan weerszijde van de gang en allemaal posters van oude gevangenisfilms.

Ze liep de gang door en bleef staan bij de eerste deur links, wat ze binnen zag liet haar bijna lachen.

Er zat een man, wel dat dacht ze toch. De kleine kamer was in tweeën verdeeld met een gigantische plexiglaswand. En ze zag een kleine man aan de andere kant in een rommelige kamer vol met documenten en een bureau met computer erin gepropt.

'Mevrouw Valler, welkom in het arresthuis van Antwerpen, wilt u even tegen de muur staan en boven in de camera kijken?'

Zéni ging met haar rug tegen de muur staan en zocht naar een camera, alleen zag ze er geen.

'Perfect, gaat u even zitten,' zei de man met een zaagstem. 'Ik ben de griffier van het arresthuis Antwerpen, zoals vermeld is dit enkel een arresthuis. Indien u veroordeeld wordt, wordt u overgeplaatst naar een andere gevangenis waar u uw straf zult uitzitten. Als u dit even wilt tekenen.' De griffier legde een papier voor Zéni die het begon te lezen.

"Bij deze wordt bevestigd dat Zéni Valler van haar vrijheid wordt beroofd vanwege het verkopen van verdovende middelen al dan niet in groepsverband.

Zéni Valler wordt voor zeker vijf dagen in hechtenis gebracht waarna ze voor de raadkamer moet verschijnen waar wordt beslist over de verdere aanhouding of vrijlating.

Was getekend onderzoeksrechter verdachte
Maes"

'Gewoon tekenen onder verdachte?'

'Ja alstublieft, en uw naam bij zetten want in de meeste handtekeningen kun je geen naam meer terug vinden.'

Zéni tekende het papier en overhandigde het terug aan de griffier.

'Moet je een kopie hebben?'

'Neen, ik kan er toch niets mee doen.'

'Dan mag u gaan. De deur uit en naar rechts.'

Zéni stapte naar buiten weer in de gang met vele deuren, ging naar rechts en passeerde er drie voor ze doorhad dat het allemaal ruimtes waren om advocaten te ontmoeten. Toen ze bij de laatste deur aan de linkse kant kwam zag ze een naambordje met "boekhouder" erop en moest ze zich inhouden om niet te lachen. Met alle criminelen hier hadden ze de boekhouders beter verder weg kunnen zetten, binnenkort is al het geld weg. Toen ze verder liep door de laatste traliedeur zag ze voor zich een glazen wand met drie deuren. Links van haar was een soort wachtruimte met houten banken aan de weerszijde, rechts van haar waren twee deuren met een metaaldetector tussen beide in.

Ze liep verder naar de metaaldetector waar een agent stond te wachten, deze was kleiner dan zij maar breed gebouwd, met een kapsel dat in het leger thuishoorde.

'Loop maar door de metaaldetector en ga de deur voor de detector binnen.'

Ze liep door de metaaldetector die stil bleef, draaide zich weer om en ging in de kamer zitten die de agent aanwees. De ruimte was smerig, het enige raam dat er was, was afgedekt met een houten plank die om de zoveel centimeter met bouten vastzat in de muur. De banken aan weerszijden van de kamer waren gemaakt van hout en vertoonden de nodige brandplekken, de muur stond vol met teksten van nationaliteiten tot verklikkers en waar ze werkten. Aan de rechterkant van de ruimte was een rode deur met een luikje erin op ooghoogte, waar je langs deze kant niets door kon zien.

De hele omgeving liet Zéni beseffen waar ze was beland en dat ze goed moest oppassen met wat ze zei tegen wie, want dit mocht dan wel maar een arresthuis zijn, dit was wel de eerste plek waar iedere crimineel van Antwerpen terecht kwam en zij was maar een jonge vrouw.

Later kon ze niet meer zeggen hoelang ze er gezeten had, de muren lezend en ijsberend. Na een tijd ging de deur open en verscheen er een grote man in de deuropening, hij was een beetje gezet maar had een vriendelijk gezicht.

Hij had dik naar achter gekamd haar en een dunne snor. 'Kom naar binnen en wacht dan.' Ze ging naar binnen en stond in een driehoekige kamer met een deur achter haar, links van haar en voor haar een die openstond. Daarachter kon ze een paar schermgordijnen zien die de ruimte verdeelden.

Toen de agent de deur achter haar dichtdeed wenkte hij haar om verder te gaan. Eenmaal in de ruimte zag ze links van haar weer een metaaldetector en ze kon ook zien dat de schermgordijnen eigenlijk douchegordijnen waren met de benodigde douche erbij.

'Loop door de metaaldetector en wacht dan even, er komt een vrouwelijke agent aan om u te fouilleren en nadien gaat u een douche moeten nemen.'

Toen ze door de metaaldetector liep en zich omdraaide was er inderdaad al een vrouwelijke agent, een vrouw die waarschijnlijk door iedere gedetineerde en misschien ook door de cipiers nagekeken zou worden.

Ze was klein, had een mooi gezichtje met een kleine wipneus, en stevige borsten.

'Oké, ga nu dan maar naar de douche en kleed je uit.'

Ze ging naar de douche en kleedde zich uit.

'Leg alles maar op het afschermmuurtje, dan kan ik het nakijken.'

Ze legde alles op het muurtje mooi op elkaar en de agente keek alles na. Eerst haar zwarte jas met bruine namaakpels aan de kap, daarna haar rode trui en haar witte top, nadien volgden haar jeans en sokken.

Toen alles was nagekeken legde de agente alles op een tafel achter haar.

'Ondergoed mag u ook over het muurtje hangen en dan douchen, als u over het muurtje kijkt ziet u uw gevangeniskleren liggen.'

Ze trok het gordijn dicht en Zéni bleef alleen achter onder de douche in haar ondergoed en even wist ze niet wat te doen. Ze stond daar zo kwetsbaar en even voelde ze zich weer een jong meisje van zestien toen ze het de eerste keer deed met haar vriend. Ze had zich toen ook zo klein en kwetsbaar gevoeld als nu.

Ze kleedde zich uit en legde haar ondergoed op het muurtje, draaide toen de douche open en ging onder het water staan. Het water was lekker warm en even was ze alle zorgen vergeten, alles leek samen met het water weg te spoelen in het putje van de douche en even wilde ze dat ze mee weg kon spoelen.

Na de douche deed ze haar ondergoed weer aan en keek naar de tafel met de kleren die ze gekregen had, het was een roze T-shirt en een grijze broek die samen de lelijkste combinatie vormden die ze ooit had gezien en tegen haar zin trok ze die aan.

Toen ze aangekleed was zag ze dat de agente aan het bureau achter in het lokaal was gaan zitten en ze ging er tegenover zitten.

'Goed mevrouw Valler, ik ga eerst even de regels overlopen met u. Hier hebben we volledige respect voor iedereen maakt niet uit welk geslacht, welk ras, welke geaardheid of wat dan ook. Begrepen?'

'Ja, dat is duidelijk.'

'U kunt hier naar de kerk gaan, dokter schrijven, naar de bibliotheek gaan enzovoorts, hiervoor moet u dit briefje invullen, dit noemen wij een rapportbriefje.'

Ze liet een briefje zien waarop bovenaan in drukletters op stond "rapportbriefje" met daaronder een zwarte streep om het blad te verdelen en daaronder stond naam, voornaam, celnummer en datum.

'Hier vul je gewoon je naam, je voornaam, je celnummer en de datum van de dag dat je het gaat afgeven, daaronder vul je gewoon je vraag in en teken je het onderaan. Dit geef je dan 's avonds af bij de boterhammen en dan gaan ze uw vraag zo snel mogelijk beantwoorden. Ik heb hier een papieren zak gezet voor je, iedereen krijgt die hier. Ik steek daar een paar van die papiertjes in.'

Naast haar stond een bruine papieren zak waar nu de rapportbriefjes in staken.

'Er is op iedere cel ook een vaste telefoon, van het geld dat op je rekening staat kun je geld overzetten om te bellen. Met deze kaart krijg je negen minuten gratis om te bellen, iedere euro die je overzet is negen minuten waard. Op dit formulier vult u opnieuw uw naam, voornaam, datum en celnummer in, dan in het kadertje vult u in hoeveel euro u als beltegoed wilt. Denk er wel aan, het minste is één euro dus minder dan negen minuten kunt u niet aanvragen. Ook moet u onthouden dat er al geld op uw rekening moet staan voor u het overzet.'

Ze stak een paar van de "beltegoedbriefjes" in de papieren zak.

'Dit is een onthaalboekje, hier staat alles nog eens in net zoals het rekeningnummer om geld op uw rekening te zetten. Bent u een roker?'

Die vraag verraste haar een beetje, bood ze haar nu een sigaret aan?

'Neen, ik rook niet, dank u.'

'Oké, dan krijgt u zes euro op uw rekening van ons, als u een roker was kreeg u tabak en blaadjes.'

Ze gaf haar een plastic kaartje met de foto erop die ze bij de griffier had laten maken en haar naam onder. Nu ben ik officieel een gevangenisklant, dacht ze verbitterd.

'Dit is uw badge, die neemt u mee elke keer u uit uw cel gaat. Raakt u deze kwijt betaalt u ons tien euro. Ik ga u direct naar uw cel brengen, daarbinnen vindt u uw dekens, handdoeken en alles wat u nodig hebt. In deze zak zitten ook nog een tandenborstel, tandpasta, twee klein flesjes shampoo en een blokje zeep.'

De agente stond op en wachtte tot Zéni de papieren zak pakte en haar volgde door de deur. Eenmaal door de deur was ze even gedesoriënteerd.

Voor haar neus zag ze een glazen kot zoals een visbokaal alleen was deze visbokaal volgestompt met computerschermen en agenten, duidelijk een controlekamer. Rond deze controlekamer was rechts van haar een ronde trap naar de volgende verdieping, rechts daarvan was een grote traliedeur met een gigantische gang met meer deuren erin dan ze kon tellen.

Voor Zéni meer kon zien ging de agente haar al voor naar de verdieping erboven, op de muur die gelijk liep met de trap was een grote graffititekening gemaakt met in het paars de letters "*FAITH*" erop. Ze liepen de trap op naar de verdieping erboven die er exact hetzelfde uitzag als die eronder en zonder te wachten liep de agente door naar de verdieping erboven dus volgde Zéni zonder rond te kijken.

Boven op de derde verdieping moesten ze even blijven staan omdat er een traliedeur voor de volgende trap was waardoor ze even kon rond kijken, ook hier was een visbokaal en een traliedeur met een lange gang achter. Ook zag ze weer een poster van een oude gevangenisfilm "*alkatraz only one goes out*" was er te lezen met namen die ze niet kende. Aan de overkant van de visbokaal zag ze nog een traliedeur en een deel van wat ze dacht dat weer een lange gang was.

De traliedeur ging open en ze gingen naar boven, weer zag ze er een visbokaal met een agente en verschillende computerschermen. Ze liepen naar de eerste grote traliedeur die ze zag en wachtte daar.

Toen ze er even stonden begon Zéni zich af te vragen waar ze op wachtten tot ze een gezoem hoorde en de agente de deur opendeed. Blijkbaar werden deze deuren geopend vanuit de visbokaal, ze liepen de gang door tot helemaal achteraan en bleven daar stilstaan.

UITBREKEN VOOR FAMILIE

De agente haalde een sleutel uit haar zak en stak die in het sleutelgat en opende de deur, Zéni stond in de deuropening met haar papieren zak en keek naar binnen. Naar haar nieuwe celgenote en haar kamer voor minstens vijf dagen. Dit is het nieuwe leven, dacht ze bij haar eigen.

Hoofdstuk 3

De cel was ongeveer drie meter bij zes meter en aan de muur tegenover de deur was een raam met tralies ervoor bevestigd en een soort metalen raster met allemaal kleine gaatjes zodat je er niets door kon gooien.

Direct rechts van haar was een grote houten kast die in tweeën was opgedeeld met verschillende vakjes erin, de linkse was al bezet dus legde ze even haar spullen in de rechtse. Overal op de kast was getekend en van alles geschreven.

Tussen de kast en de muur met het raam stond een stapelbed gemaakt uit simpel hout. Het onderste bed was opgedekt en was van haar celgenote, op het bovenste lag een stapeltje met spullen waarvan ze dacht dat dat haar dekens waren.

Tegenover het bed stond tegen de muur een zware houten tafel met twee stoelen en rechts daarvan stond een klein ijskastje met daarboven een klein televisietoestel tegen de muur bevestigd.

Aan de andere kant van de tafel was een wastafel met een wit schap boven en een vuile spiegel vol met krassen, daar nog links van was de wc volledig open voor de rest van de cel. Daar had Zéni nog niet over nagedacht en nu ze het zo zag wist ze dat ze die nog niet direct ging gebruiken.

Haar celgenote stond op van haar bed, ze was kleiner dan Zéni en smaller ook. 'Hey, mijn naam is Amy. Daarboven is jouw bed, als ik jou was zou ik dat eerst opdekken want als ze zien dat dat nog niet gebeurd is straks krijg je tucht en dat wil je echt niet zo vroeg al.'

Ze liet zich terug zakken op het bed en liet Zéni even haar gang gaan, die toen het stapeltje op haar bed ging bekijken.

Het stapeltje bestond uit een dunne deken, een kussensloop, een kussen, een keukenhanddoek, een grote en een klein handdoek en dan ook nog een sloop om over haar matras te doen. Zéni begon haar bed op te dekken en was aan het sukkelen met de sloop voor over haar matras.

Daar was het elastiek uitgehaald waardoor de hoeken slap naar beneden hangen en in de weg hingen voor Amy.

Toen ze zag dat Zéni aan het sukkelen was kreeg ze medelijden en ging ze haar helpen. 'Eerste keer zeker?'

'Ja, valt het zo erg op?'

'Ja, iedereen die hier al eens is geweest kent deze truc al.' Ze pakte de twee hoeken en legde er onder het matras een knoop in. 'Zo nu kun je draaien in je bed zoveel je wilt, dat gaat niet meer lopen.' En toen ze Zéni zag kijken voegde ze eraan toe: 'Ik heb dit geleerd van mijn vorige celgenote waar ik één dag mee zat, zij is overgeplaatst na haar vijf dagen in observatie hier.'

'Dus dit is niet blijvend?'

'Nee, na vijf dagen kom je weer voor en als je dan moet blijven ga je naar de gang hiernaast daar zitten degenen die wachten op hun tweede raadkamer, of als ze dom zijn hof van beroep.'

'Waarom als ze dom zijn?'

'Omdat als je na vijf dagen wordt veroordeeld op een verblijf hier van één maand en je gaat in beroep en je verliest dat je hier dan één maand en twee weken zit, de weken van uw beroep tellen niet mee.'

Terwijl de twee aan het praten geslagen waren had Zéni haar bed opgedekt en nu ging ze even op de stoel bij de tafel zitten. 'En waarom zit jij hier?'

'Ik zit hier voor inbraak, drieëntwintig inbraken en maar op één betrapt.'

'Amai, dat is niet slecht.' Zéni kon amper het gevoel van verbazing onderdrukken.

'Ja, vind ik ook. De truc is weten of je slachtoffers thuis zijn of niet. Bij de laatste had ik pech, vlucht was geannuleerd. En jij, waarvoor zit jij hier?'

'Ik ben gepakt met drugs.'

'Ai, verkoop van verdovende middelen. Eerste keer in de gevangenis, hè? En al in aanvaring gekomen met politie?'

'De advocaat zegt dat ik veel verzachtende omstandigheden heb.'

Voor de eerste keer sinds Zéni binnen was gekomen gaf ze zichzelf even de tijd om eens rond te kijken. De muren waren beschilderd in vuil beige met overal van alles opgeschreven. Van nazitekens tot namen en weer veel namen van verklikkers.

Ook keek ze even de vrouw aan waar ze vijf dagen mee een cel zou delen. Zoals ze al gezien had was ze kleiner en smaller dan Zéni. Ze had een perfect rond gezicht, blond haar en blauwe ogen. Een echte schoonheid die menig man het hoofd op hol kon brengen, ook al was dat niet zo moeilijk meer tegenwoordig.

Zéni kon zich ook goed inbeelden hoe perfect haar figuur zou zijn ook al kon je dat niet zo goed zien in die kleren. 'Hoe ziet de dagverdeling hier eigenlijk uit, en wat kun je hier allemaal doen? '

'Om zes uur 's ochtends staan ze hier aan de deur te roepen "GOEDEMORGEN", daar moet je niet op reageren maar wel als ze één uur later langskomen voor de vuilbakken en medicatie. Als je dat niet doet schrijven ze het op, gebeurt het te veel heb je een probleem. Dan rond negen uur denk ik komen ze met koffie, warm water en soep. Warm eten is rond twaalf uur en dan rond zes uur krijgen we nog boterhammen.' Ze stopte even toen ze het over de boterhammen had. 'Ik denk zelfs dat ze er bijna gaan zijn met de boterhammen. Ook als je papiertjes nodig hebt zoals rapportbriefjes. Die moet je om negen uur bij de soep vragen en om zes uur bij de boterhammen afgeven. Vergeet je het dan kun je het ook vergeten.'

Toen ze de deur open hoorde gaan keek ze even op voor ze uit de kast twee borden en twee messen pakte. 'Ik heb hier ook nog een extra lepel, vork, tas en een diep bord voor je staan, Zéni,' zei ze terwijl ze haar het bord aangaf.

Ze pakte één zak wit brood ook al zei Amy dat ze een grof wilde pakken als Zéni dat liever had, die er vriendelijk voor bedankte. Honger had ze toch niet. Ze kregen beiden ook een potje kipcurry en de deur ging weer dicht. Ze gingen zitten en Amy vloog direct aan op haar boterhammen alsof ze in weken niet had gegeten.

Toen ze klaar was, had Zéni haar boterhammen nog niet aangeraakt en toen ze Amy's blik zag gaf ze het potje kipcurry aan haar.

'Wauw dank je, als je straks nog honger krijgt, er staat in de kast een doos met confituur, die krijgen we hier gratis elke zaterdag, net als wc-papier. Maar dat zou ik niet opeten als ik jou was haha.'

De rest van de avond besteden ze aan tv kijken, ieder op haar eigen bed, en wat praten, zo kwam ze te weten dat Amy had leren stelen van haar ex-vriend en dat ze inderdaad niet vies was om haar lichaam in de strijd te gooien. 'Weet je wat, als de seks goed was heb je nog een extraatje. Zo niet, wel dan heb je zijn spullen toch, het is toch allemaal verzekerd.'

'Maar hoe weet je dan welke man je moet versieren?'

'Simpel, geef ze drank. Mannen beginnen dan alles op te brengen dat ze hebben. Auto's, schilderijen, juwelen van hun vrouw.'

Ze hadden beiden gelachen tot hun buikspieren er pijn van deden en waren daarna gestopt met praten om naar het nieuws te kijken waar net een vrouw bezig was over de besluitloosheid van de ministers om een regering te vormen.

'We zitten ondertussen alweer tweehonderddertig dagen zonder regering en dat zal nog even zo blijven zolang NVA en P.S. niet willen samenwerken,' hoorden ze de vrouw zeggen.

'Allee, wie het land gaat leiden weten ze niet, maar wie geld wil verdienen sluiten ze wel zonder overleg op. Welkom in België,' zei Amy en Zéni kon het alleen beamen.

Toen Zéni wakker werd keek ze naar beneden waar Amy nog altijd lag te slapen, ze had zelf superslecht geslapen. De matras was dun en je voelde de houten latten van de lattenbodem in je rug, het hoofdkussen was zo dun dat je met je hoofd naar beneden lag en pijn kreeg in je nek en dan nog maar te zwijgen over het dunne dekentje dat je daar kreeg dat superdun was.

Ze hoorde de deur opengaan en de agent die in de deuropening verscheen keek even rond en riep toen 'GOEDEMORGEN' en deed de deur weer dicht.

'Och, die agent was weer veel te goed gezind. Hij zal wel hebben gehoord dat het vrijdag staking is,' klonk ineens een stem onder haar.

'Hoe bedoel je staking?'

'Ja nu al een tijdje is het iedere vrijdag staking en ze zullen wel hebben gehoord dat het deze vrijdag weer is.'

'Wat houdt dat dan in?'

'Vrijdag is er geen douche, geen wandeling, geen kantinebedeling, enzovoorts dus dat is 24 uur in de cel zitten.' Amy stond op rekte zich uit en wandelde naar de wc. 'Kan je even dat houten pavotje aangeven die boven op de kast ligt?'

Zéni keek op de kast en zag twee houten planken aan elkaar gezet met scharnieren zodat dat voor de wc gezet kon worden en een beetje privacy kon geven tussen degene die op de wc zat en degene die erbij stond.

Ze zette de houten afscherming voor de wc en Amy ging zitten, Zéni keek de andere kant op en ook al was het geen grote boodschap, ze vond het toch heel gênant dat ze die hoorde plassen en ze besloot het zo lang op te houden als het kon.

De deur ging weer open en daar stond een andere agent samen met twee mannen in een blauwe polo en een karretje met één kan met "koffie" opgeschreven en één met "warm water" en in het midden een grote met geel bruine soep.

'Koffie, water, soep? Iemand nog een paar briefjes hebben?' Hij zei het alsof het een opgenomen bandje was zo zonder intonatie en gevoel.

'Ja, twee kannen koffie, of heb je liever water, groentje?' zei Amy met een lach.

'Ja, warm water lekker, zeker zonder thee smaak,' lachte Zéni mee en ze zag goedkeuring in de ogen van Amy dat ze de grap direct doorhad.

'Ja dames, dan moeten jullie thee bestellen hè. Hier zijn de kantinebladen voor vandaag.' Hij gaf twee A4-papieren aan, deed de kannen vol en trok de deur weer dicht.

'Ja die is weer goedgezind, moest jij geen soep hebben?'

'Hebben wij er dan last van? Hij zit aan de andere kant van de deur haha, en nee 's ochtends kan ik toch niet veel eten, alleen koffie is nodig.'

'Ja dat snap ik, als je suiker wilt, die staat tussen de ijskast en de muur in een wit zakje. Pak er voor mij drie als je wilt.'

Zéni ging kijken waar ze had gezegd en zag inderdaad een wit zakje dat vol zat met suiker.

'Wel, aan suikertekort gaan we zeker niet gaan,' zei ze terwijl ze Amy drie klontjes aangaf.

'Ja, het enige dat we hier niet hebben is melk. Volgens mijn vorige celgenote krijgen we maar een halve liter per week op zaterdag.'

'Maakt niet uit, zolang er suiker in zit krijg ik de koffie binnen.'

Ze gingen samen aan tafel zitten en minutenlang was het stil terwijl ze van hun koffie genoten. Terwijl ze daar zaten was Zéni naar buiten aan het kijken door de tralies heen en keek op een muur die schuin liep op hun muur.

De enige manier om iets anders te zien dan de muur was recht bij het raam te gaan staan en dan kon je een deel van het plein zien waar ze de wandeling hadden.

'Weet je al wanneer je je inleidings dinges gaat hebben hier?' vroeg Amy ineens

'Neen, daar hebben ze niets over gezegd. Wat houdt dat in dan?'

'Eerst ga je naar de dokter, daar gaan ze zien of je tuberculose hebt. Daarna ga je naar de psychologe en word je opgeroepen voor JWA dat is de sociale dienst hier die helpen je met alles. Als laatste kom je bij de directeur en die zegt gewoon dat je hier moet blijven en of je vragen hebt over je verblijf.'

'Alleen wanneer ik naar huis mag, maar daar kan zij niet over beslissen zeker?'

'Nee, ik vrees het haha.'

De dag ging rustig verder, ze dronken ieders nog twee kopjes koffie, wasten nadien de kopjes af en gingen tv kijken.

Na vele uren ging de deur weer open en kwam er weer een agent in de deuropening staan 'VALLER?'

'Ja, dat ben ik?'

'Dokter.'

'Omdat je het zo lief vraagt.'

'Die grote mond kunt u voor uzelf houden anders is het kajot.'

'Oké, sorry ik kom eraan.' Ze stapte uit bed en deed haar schoenen aan.

'Badge bij?'

'Ja.' Ze liet de agent haar badge zien.

'Oké goed,' zei hij na zelfs geen blik op de badge te richten. 'Loop maar door naar mijn collega daar.' En hij wees naar een vrouwelijke agente verderop.

'Kom maar hier en draai u om,' zei de agente toen ze aan kwam gewandeld.

Ze draaide zich om en de agente fouilleerde haar.

Toen het in orde was ging ze samen met de agente naar de traliedeur, waar ze even bleven wachten op een zoemgeluid, het teken dat de deur los was.

Ze gingen de deur door en de trap naar beneden waar weer de traliedeur was die je met de sleutel moest openmaken.

Toen de agente de deur losmaakte begeleidde ze haar naar de visbokaal waar een speakertje hing. Er klonk een "biep" en de agente zei: 'Valler, Zéni. Voor de dokter.'

'Oké, laat ze maar naar de wachtzaal gaan.'

De agente knikte naar haar collega en draaide zich naar Zéni. 'Goed, je gaat de trap af naar de laagste verdieping, daar vind je ook zo een speaker, je zegt dat je naar de dokter moet en ze zeggen wel waar je naartoe moet.'

Zéni ging naar beneden met de trap en werd op elke verdieping nagekeken door elke man die ze tegenkwam. Ze had al vaker gemerkt dat ze met haar gespierde lichaam iedere man het hoofd op hol kon brengen. En ook al kon je dat in deze outfit niet zien, ze had al gemerkt dat aan hoe ze wandelde mensen al snel konden zien uit welk hout ze was gesneden, en zoals ze daar liep zag iedere man dat zij een prachtig lichaam had.

Ze kwam beneden en ging recht naar de visbokaal, uit de eerste gang achter de traliedeur hoorde ze: 'Hey schat, kom je mee naar mijn cel dan laat ik u alle hoeken zien.'

Zéni keek naar rechts en zag een brede grote man vol met tattoos op zijn armen kijken naar haar, de man zag er niet slecht uit. Hij had kort blond haar dat met een scheiding naar links lag en een baardje dat perfect bij zijn gezicht paste.

Ze liep naar de tralies maar hield genoeg afstand. 'Ik denk dat je dat niet gaat aankunnen baby, ik eet je op met haar en huid.'

'Kom wat dichterbij, dan zal ik je wat laten voelen.'

Zéni zette een stap dichterbij maar juist op het moment dat zijn hand naar voren schoot om haar borsten aan te raken deed ze een stap naar achteren, pakte zijn hand vast en trok.

Zijn hoofd stootte hard tegen de tralies maar Zéni liet niet los. Nog met de hand vast deed ze een grote stap naar links waardoor de arm in een vreemde bocht naar buiten stond en ze kon nu al zien dat deze op drie plaatsten gebroken was.

Ze liet de arm los en liep af op de speaker. 'Zéni Valler, dokter. En neem die man ineens mee, ik denk dat hij is gevallen,' zei ze met haar duim wijzend naar de kerel die haar net wilde betasten.

Het was chaos in de gangen, agenten kwamen aangelopen en hielden Zéni tegen de glazen wanden van de visbokaal terwijl ze haar handen achter haar rug hielden.

De man die ze had aangevallen werd overeind geholpen en naar de dokter gebracht die zich bevond aan de andere kant van de ruimte achter een andere glazen wand.

'Hier ga je spijt van krijgen, sluit deze wilde maar op in het kajot. Ik ga zelf wel binnen een paar uur zien of ze al spijt heeft!'

'LAAT HAAR LOS EN BRENG HAAR BIJ MIJ, JEAN!' klonk het ineens van achter Zéni zodat ze niet kon zien wie het riep.

'Chef, heeft u niet gezien wat ze heeft gedaan?'

'Ik heb vooral gezien wat Stan deed en deze meid heeft zich enkel beschermd. Is het niet uw job om dit tegen te gaan? Misschien moet ik eens een evaluatie doen over uw baan hier?'

'Ja chef, ik breng haar zo naar uw kantoor,' zei de man onderdanig om zich toen naar Zéni te draaien. 'Jij hebt geluk dat je zulke machtige vrienden hebt, meid. Hoe ken je de directeur zo goed dat die opkomt voor u?'

Voor ze kon antwoorden werd ze weggebracht naar de andere kant van de visbokaal, voorbij de wachtzaal van de dokter waar iedereen naar haar aan het kijken was.

Ze hielden halt voor twee kantoren en Zéni werd de rechtse van de twee in geduwd. Het kantoor was gezellig.

Een bureau stond recht voor haar met een MacBook erop en een dure bruine leren stoel erachter, er stonden verschillende groene archiefkasten waarschijnlijk vol met dossiers van de gevangenen.

In de hoek stond een grote plant en veel posters van hulpverlening hingen aan de muur. Aan de muur links van Zéni hing een bruin prikbord met allemaal kaartjes, vele met bedankjes erop maar ook sommige gewoon met foto's van families.

'Mooi hè?' klonk een stem achter haar. 'Allemaal gedetineerden die ik persoonlijk heb kunnen helpen en ik kan met trots zeggen dat deze allemaal hun leven hebben gebeterd, misschien dat jij hier ooit wel staat.'

Ze draaide zich om en keek in de groenste ogen die ze ooit had gezien. Het was precies of ze een weiland in keek en alle agressiviteit viel van haar schouders.

'Ga zitten, mevrouw Valler.'

Zéni ging op het puntje van haar stoel zitten en dat hadden die groene ogen direct gezien.

'Ontspan maar, hier zijn geen mannen die uw borsten willen aanraken of u in het kajot willen steken.'

'Dus dat hebt u gezien?'

'Er is weinig dat ik niet zie. Daarom zei ik dat ze u met rust moesten laten, het was zelfverdediging. En dat u zelf een stap dichterbij zette vergeten we wel,' voegde ze er met een glimlach aan toe.

'Wel, dank u.'

'Geen dank, soms moet u die mannen laten zien dat vrouwen de wereld leiden.'

Zéni begon te lachen, zo dacht ze er ook over, moest ze bekennen.

'Dus Zéni, hoe gaat het?'

'Niet goed, ik zit vast.'

'Ja, dat snap ik, maar ik neem aan dat je goed verzorgd wordt?'

'Hoe bedoelt u?'

'Aaa... nee niets hoor, ik dacht gewoon dat je al wel contact had gelegd met wat mensen? Je hebt toch al gebeld, hoop ik?'

'Wie moet ik bellen?'

'Neen, laat het maar, mevrouw Valler, ik zit waarschijnlijk fout. Kan gebeuren hè, met zoveel gedetineerden. Ik zie dat onze vriend terug naar zijn cel wordt gebracht, ga maar naar de dokter en dan terug naar uw cel hè.'

Zéni stond op keek nog even naar de directeur en wandelde toen de deur uit. Toen ze nog even omkeek was de directeur druk aan het bellen en te zien aan hoe ze deed was het een belangrijk gesprek.

Ze vergat het gesprek met de directeur snel en liep binnen bij de dokter.

'Kan jij niet klo... ow mevrouw Valler bent u het, ja de directeur zei al dat u kwam.'

Zéni keek om zich heen, het dokterskwartier was klein. Een bureautje voor haar met een oude computer en een nog oudere man erachter. Achter haar stond er een brancard en rechts van haar een weegschaal. Hier hingen allemaal medische posters aan de muur en de deur achter het bureau liep naar een apotheek.

'Loopt u maar even door de deur links van u.'

Ze keek naar links en zag een deur die ze niet had gezien, liep erdoor en werd even verrast. Dit lokaal was eerder een opslagplek dan iets wat je bij een dokter verwachtte.

De muren waren grijs en er hing een muffe geur, overal waren dozen opgestapeld en in het midden stonden meer archiefkasten.

'Ja, loop maar even verder naar achter als u wilt?'

Ze liep door en zag een grote machine. Ze zag een zwarte plaat die verticaal omhoog stond.

'Ga met uw borst tegen de plaat staan alstublieft. Goed gestrekt als je wilt en zo blijven staan.'

Ze deed wat gevraagd werd en bleef staan.

'Ja goed, dat is in orde, ga nu maar terug naar uw cel.'

'Huh? Was dat alles?

'Ja, er zijn nu foto's genomen van uw longen, als alles goed is hoort u er niets van.'

Ze liep weg naar de deur en kwam terug in de wachtzaal van de dokter. Wat direct opviel was dat alle gangen leeg waren, en drie agenten haar bekeken via de visbokaal.

Ze liep de trap op tot aan de traliedeur op de hoogste verdieping en wachtte tot iemand die opendeed.

Na een paar minuutjes wachten kwam er een agente die de tralies opendeed en haar volgde de trap op.

'Ik heb gehoord dat u al plezier hebt gehad beneden?'

'Ik verdedigde mij enkel maar, die man wilde mij aanranden.'

'Dat is wat ik heb gehoord, ja. Maar ik zou het niet te veel rondbazuinen als ik u was, vele vrouwen hebben connecties met de mannen beneden en we zouden niet willen dat er iets gebeurt, hè?'

Dat kon Zéni enkel beamen, hoe sneller ze hier weg was hoe liever. Toen ze terug in haar cel was, was ze blij dat dat allemaal achter de rug was.

'Amai, jij bent lang weggeweest?'

'Ja, er was beneden van alles aan de hand.'

'Die mannen hebben je toch niet lastiggevallen hoop ik? Ik heb het nooit goed gevonden dat die vrij rondlopen wanneer wij naar beneden moeten. Die beesten zijn voor niets verlegen.'

'Geen vrienden beneden?' Zéni vroeg het heel voorzichtig want na wat de agente zei over connecties hebben met beneden was haar celgenoot kwaad maken wel het laatste wat ze wilde.

'Vrienden? Hier beneden? Nee. Ik heb er eens ene een klop op zijn gezicht gegeven die aan mijn kont zat bij bezoek.'

'Wel, ik heb hetzelfde gehad,' zei Zéni opgelucht en ze deed haar verhaal, alleen het geval bij de directeur liet ze eruit. Ze wilde niet dat mensen dachten dat ze een voorkeursbehandeling kreeg.

'En jij moet niet naar het kajot? Toen ik die man een slag verkocht heb ik een week kunnen zitten. Wat heb je gedaan, de cipier gezogen?'

'Ik weet het echt niet, ik weet enkel dat ik geluk heb.'

Zo gingen ze nog even verder, tot de cipier kwam met het avondeten en een kaartje voor Zéni. Het was een rood kaartje met twee codes erop.

'Dat is uw telefooncode, met deze kun je op dat toestel zien hoeveel beltegoed je hebt en hoeveel geld er op je rekening staat.'

'Dan heb ik dat niet nodig, ik hoef niet te bellen en ik weet niet wie mij geld stort.'

'Toch moet je dat eens activeren, ze doen er moeilijk over als je dat niet doet. De moeite die ze doen voor je enzo,' zei Amy terwijl ze in haar avondeten prikte dat Zéni voorbij had laten gaan, ze had toch geen honger.

Ze keek even op het kaartje en pakte toen de hoorn van de telefoon op. '*Please enter your personal code,*' zei de vrouwelijke stem in de telefoon. Ze keek weer op het kaartje en typte toen in "26843629". '*Enter your personal pincode next.*' "3546".

'*To change your pin, enter four numbers and close with the hashtag key.*' Ze dacht even na en typte toen 7525, het was een nummer dat ze al van kleins af aan in haar hoofd had, alleen wist ze niet waarvan ze die combinatie kende.

'*Your current phone balance is €0,00. Your current prison account balance is €100,00.*'

'Prison account balance, wat is dat?' vroeg Zéni onzeker.

'Dat is het geld dat er op je rekening staat om dingen van de kantinelijst te bestellen.'

'En krijgt iedereen 100 euro?'

'WAT? Nee, absoluut niet. Heb jij nu al geld? Je bent hier net. Meestal duurt het vier dagen.'

'Ik weet niet van wie het komt, ik heb niemand buiten.'

'Van je ouders?'

'Neen... dat is onmogelijk.' Ze werd even stil. 'Wie kan mij geld sturen? Ik heb niemand.'

'Wel, je kunt een rapportbriefje schrijven naar BDW, daar kun je een rekeningafschrift vragen. De naam van de verzender moet er wel op staan, niet?'

Bij gebrek aan andere ideeën schreef Zéni een brief aan BDW, alleen moest ze wachten tot morgenavond voor ze het kon afgeven.

's Avonds viel Amy direct in slaap. Zéni bleef maar draaien en zich afvragen wie haar geld had gestuurd. Ze wist toch zeker dat ze niemand had. Haar moeder was overleden en haar vader was het afgetrapt. Na uren zag ze de zon opkomen en zelfs toen duurde het even voor ze de slaap kon vatten. Toen ze weer wakker werd had ze overal in haar lichaam pijn en waren ze al geweest voor middageten dat ze weer had gemist.

Voor ze het wist was het avond en kon ze het briefje afgeven, nu was het wachten op antwoord.

Hoofdstuk 4

Toen Zéni wakker werd was Amy al in de weer om de koffie en soep te ontvangen.

'Er is post voor je gebracht.' Ze gaf Zéni het papiertje waar haar aanvraag mee aan was vast geniet. Ze haalde het briefje ervanaf en keek naar het grotere papier.

"Rekeningafschrift Zéni Valler" stond er. Er stond op wat haar beschikbare bedrag was en ook of er iets was gereserveerd om van de rekening af te gaan, maar dit interesseerde haar niet: ze wilde alleen weten wie het geld had gestort dus keek ze verder en daar zag ze het.

"10/02/20 gestort door: Onbekend, gestort bedrag: €100,
11/02/20 gestort door: Onbekend, gestort bedrag: €100."

Als een bezetene liep ze naar de telefoon en typte de twee codes in. *Your current phone balance is €0,00. Your current prison account balance is €200,00,'* zei de vrouwenstem aan de lijn.

Ze haakte de telefoon in en keek naar Amy. 'Er staat nu al €200 op.'

'Niet te veel vragen bij stellen, wees blij dat je iets hebt. Er zijn er veel die hier zitten zonder geld. Pak de lijst en bestel nu eens wat.'

Ze pakte de lijst en keek ernaar, eigenlijk had Amy wel gelijk: het was het niet waard om hier niets van "luxe" te hebben gewoon omdat ze wilde weten van wie het geld was. Ze had zelf wel wat beters te doen dan haar dat af te vragen, vond ze.

Dus bestelde ze van alles van de lijst dat ze kon gebruiken en ineens ook voor Amy omdat ze zag dat die zelf maar een paar spullen bestelde en altijd als ze naar de telefoon ging het geluid op het zachtst zette en de hoorn afwendde.

'Hoeveel geld heb jij eigenlijk?

'Dat maakt niet uit, en je moet voor mij niets bestellen. Ik heb het gezien.'

Zéni keek uit haar ooghoek naar haar en kruiste haar armen. 'Ik bestel gewoon wat ik wil en als ik wil delen moet je mij dat maar laten doen', zei ze met een lachje in haar stem. 'En nu ga je zeggen hoeveel je hebt of ik steel uw codes en controleer het zelf.'

'Oké, ik heb op dit moment €11, en wanneer ik dit heb besteld €6.'

'Dank je om het te zeggen, zie, ik heb blijkbaar een geheime aanbidder die weet dat ik hier zit dus we gebruiken dit samen, begrepen?'

'Hoe komt zo een goed persoon hier in de gevangenis terecht?' zei Amy met tranen in haar ogen en ze knuffelde Zéni.

'Het is al goed. Als ik alles alleen gebruikte zou ik me toch schuldig voelen dus ik kan gewoon niet anders.'

'Verstoor ik hier een intiem moment of mag ik meedoen?' klonk ineens een stem achter de twee. Ze keken zich om en zagen een agent in de deuropening.

'Brief voor Valler en je mag ineens tekenen voor ontvangst.'

'Wat is dit?'

'Uw brief dat je moet voorkomen vrijdag. Nu, het is staking, dus je gaat er waarschijnlijk zelf niet naartoe kunnen, maar uw advocaat gaat er zijn.'

Ze liep naar de deur, ondertekende het papier, kreeg een andere aangereikt en liep terug naar de tafel waar ze het even doorlas.

'Veel staat er toch niet in, gewoon dat mijn zaak om negen uur 's ochtends is.'

'Ja, veel tekst zonder betekenis, zo zijn er veel papieren hier.”

De uren en dagen daarna liepen in elkaar over. Ze brachten tijd door al pratend, tv kijkend of slapen. Meer was er toch niet te doen, en voor ze het wisten was het vrijdagochtend.

Vanaf die ochtend was het duidelijk dat Zéni anders behandeld werd dan de rest van de gevangenen en ook Amy begon het door te krijgen. De agenten kwamen elk uur binnen om verslag uit te brengen over haar zaak en ook kreeg ze één keer haar advocaat aan de lijn via een gsm. Ze wist niet veel te zeggen maar de daad zei meer dan woorden konden.

'Wat is hier aan de hand, Zéni?' vroeg Amy toen een agent met de gsm wegliep. 'Niemand krijgt hier binnen een gsm vast zonder een agent om te kopen, en ze boden het zelf aan?'

In de paar dagen dat ze samen zaten was Amy meer en meer een vriendin geworden en ze kon niet blijven liegen tegen haar, dus vertelde ze alles wat er bij de directeur was gebeurd.

'Dus de directeur liet uitschijnen dat je met iemand moest bellen? En nadien stond er €200 op je rekening? Heel toevallig hè?'

Om heel eerlijk te zijn had Zéni het zo nog niet bekeken maar het was wel heel toevallig om niet gelinkt te zijn vond ze. 'Ja nu je het zegt, ik had er nog niet over nagedacht.'

'Weet je hoe je dat kunt natrekken of je voorgetrokken wordt?' Ze keek Zéni aan met grote ogen vol verwachting toen die niets antwoordde. 'Vraag aan de chef hier of je direct bij de directeur kunt, als ze het toestaan krijg je hier alles gedaan. Zo niet is het toeval.'

Daar moest ze even over nadenken, het was algemeen geweten dat voor bij de directeur te komen je dagen kon wachten dus als ze er nu direct bij kon was het waar wat Amy zei. Aan de andere kant wist ze niet of ze het wel wilde weten.

'Mevrouw Valler, directeur wil u spreken.'

Daar ging de kans om het te testen, beseften ze allebei. Zéni ging mee, weer heel de weg naar beneden en weer viel het op dat de gangen leeg waren.

Eenmaal bij de directeur aangekomen ging ze direct weer zitten op de stoel zonder te wachten op een uitnodiging, en niet tot haar verbazing deed ze niets.

'Zéni, ik moet u spijtig genoeg meedelen dat u voor één maand verlengd bent. U zult dan ook naar een cel gebracht worden die geschikt is voor een langer verblijf want waar u nu zit is enkel voor de eerste dagen in observatie.'

'Geeft u iedereen persoonlijk deze mededeling of is het enkel bij mij?'

Even was het stil en leek het wel of ze aan het kijken was hoever ze mocht gaan met antwoorden.

'Er is niet zoveel man vandaag die verlengd wordt, dan doe ik het zelf liever.'

Ergens geloofde ze niets van wat er gezegd werd maar toch knikte ze begripvol en bedankte haar.

'Ik wil wel vragen, omdat we merken dat het precies goed gaat tussen u en uw celgenoot, of u die mee in uw volgende cel wilt, of liever niet?'

'Jawel, Amy is een goed persoon.'

'Oké, ik zal zien wat ik kan doen.'

Ze bleven even elkander in de ogen kijken en toen gaf de directeur Zéni een stapel papieren in haar hand. 'Hier zijn uw aanhoudingspapieren voor een maand.' Toen stond ze op en wees Zéni de deur. Daar stond al een agente om haar naar boven te brengen.

Toen ze terug in de cel stond was alles ingepakt en stond Amy in het midden van de kamer.

'De agenten zijn net gekomen om te zeggen dat we alles moesten inpakken, ze gaan ons splitsen.' Het huilen stond haar nauwer bij dan het lachen.

'Nee, dat gaan ze niet doen. De directeur heeft gevraagd of ik jou in mijn volgende cel wil en uiteraard heb ik ja gezegd.'

Weer vloog Amy Zéni in de armen voor een dikke knuffel en ze gaf er een terug. Hier werd een vriendschap voor het leven gemaakt.

Na een tijdje kwam een agent de twee vrouwen halen en bracht hen naar een andere vleugel, aan de andere kant van de visbokaal. Het verst weg van de trap op de gang.

Toen ze voorbij de traliedeur waren van deze vleugel zag ze dat deze uit twee verdiepingen bestond, er stond een trap zonder reling in het midden van de gang. Ze liepen naar de eerste celdeur en de agente deed die open.

De twee liepen naar binnen waar ze werden aangestaard door zes paar ogen. Toen ze naar binnen liepen zag Zéni dat deze cel gelukkig groter was dan die voor met twee. Er was direct rechts een aparte ruimte voor de wc en naast die deur hing het telefoontoestel, waardoor je om wat privacy te hebben in de wc kon bellen.

Achter de hoek van de wc zag ze twee wastafels die net zoals in de andere cel voorzien waren van schappen en spiegels. Ze dacht er net aan dat ze al vijf dagen niet in de spiegel had gekeken en nam zich voor dat zo snel mogelijk eens te doen.

Naast de wastafels waren twee stapelbedden voorzien die achter elkaar stonden tot tegen de muur waar twee ramen in waren en een televisietoestel tussen hing. Onder de tv stond een klein ijskastje, daar tegenover zag ze drie gelijkaardige kasten zoals beneden, en direct wist ze dat dit te weinig was voor acht man.

Aan de linkerkant van haar zag ze een tafel met bestek, borden en kommen. Ook stond er een schap op met dozen vol boter, suiker en confituur. Dan naast de tafel stonden weer twee stapelbedden tot aan de kasten die ze net zag. In het midden van de ruimte stonden twee tafels met aan ieder vier stoelen.

'Welkom in ons clubhuis,' zei de vrouw die op het bed beneden naast de wastafel zat. Ze was oud met kort grijs haar en had een gezicht waar verrassend veel humor op te lezen was. 'Het bed boven mij en dan het bed erachter is nog vrij,' zei ze wijzend naar het bed boven haar en het ernaast.

'Perfect, bedankt,' zeiden Amy en Zéni tezamen terwijl ze naar de aangewezen bedden liepen en hun spullen daar neerlegden. Het bed dekten ze straks wel op, dachten ze.

Zéni draaide zich om naar de vrouw die haar de bedden aanwees en stak haar hand uit. 'Goedendag, mijn naam is Zéni.'

'Mijn naam is Georgette.'

Ze draaide zich naar de rest en ging naar de vrouw die het dichtst bij haar stond, het was een iets molligere vrouw met lang, dun, zwart haar en een haakneus die zichzelf voorstelde als Nicol. Naast haar stond een grote struise vrouw met blond haar in een pony geknipt en stevige jukbeenderen die haar een strak gezicht gaven, zij stelde zich voor als Jennifer en sprak met een duidelijk Nederlands accent.

Aan de andere kant van de ruimte stonden nog drie vrouwen, de eerste in de rij had bruin haar tot op haar achterste, was getint van kleur en had heel kleine bruine ogen, zij noemde zichzelf Laura. Daarnaast stonden twee dezelfde van uiterlijk: allebei middellang blond haar, een prachtig gevormd gezichtje en diepblauwe ogen, het helderste blauw dat je ooit zag. Duidelijk een tweeling van Zweedse kanten, ze heetten Ira en Ela.

Toen ze beiden kennis hadden gemaakt met iedereen ging Zéni op haar bed zitten en begonnen ze de vrouwen wat beter te leren kennen.

'En voor welke feiten zit je hier?' vroeg de vrouw die zich Georgette noemde.

'Ik zit hier voor verhandel van verdovende middelen,' zei Zéni onomwonden.

'Ik zit voor inbraken,' zei Amy na enige twijfel, het was duidelijk dat ze zich niet goed voelde dat ze dit voor zo een grote groep moest zeggen, alsof ze bij één van hen had ingebroken. Wat natuurlijk wel reëel was, na een tijd heb je ieder huis wel eens gehad.

'En veel gevonden, Zéni?'

'Veel te veel,' zei ze kort, hiermee tonende dat ze er niet verder op in wilde gaan, wat Georgette begreep en respecteerde.

'En jullie?' vroeg Amy die spanningen voelde in de groep.

'Ik zit voor het lozen van chemisch afval in het openbaar,' zei Georgette.

'Wauw, is daar veel geld met te verdienen?'

'Als je het slim aanpakt, ja, chemisch afval legaal verwerken kost veel dus als je het kunt laten verdwijnen kun je geld pakken.'

'Ik zit voor verhandelen van drugs in België maar zoals je hoort kom ik uit Nederland,' zei Jennifer. 'Minder straffen in Nederland, alleen meer geld te verdienen in België,' voegde ze er met een glimlach aan toe.

'Ik zit voor ruzie met mijn man, eigenlijk niets ergs hoor maar de buren hebben de politie gebeld, die wilde mijn man meenemen en ik ben er dan tussen gekomen. We zitten hier beiden.' Dat was Nicol.

'Wij zitten hier ook voor drugs, zoals de meesten hier in Antwerpen.' Dat was Ira van de tweeling. 'Wij waren contacten aan het leggen omdat bij ons in Zweden niets kan groeien. We waren juist bij een leverancier voor de kwaliteit toen ze binnenvielen. De mannen konden ontsnappen, wij zijn gepakt.' Met dat laatste wees ze op haar en haar zus en haalde toen de schouders op.

'Nu hopen ze zeker dat je zult klikken.'

'Ja, dus wij zitten hier nog even want wij zeggen niets'

'Het is al een verrassing dat je samen mag zitten in één cel.'

'Ja dat hebben we kunnen regelen omdat wij zussen zijn in een vreemd land, jullie hebben makkelijke regels als je ze kent.'

'Ja bij mij ook drugs, vooral Ketamine en xtc. ' Dat was Laura. 'Inval gedaan bij mijn vriend en die zei dat het van mij was.'

'Wauw, en dat van je vriend.'

'Ja, maar ik had het kunnen verwachten, hij had al een strafblad en ik niet dus is het minder lang zitten voor mij.'

Dat was wel waar, dacht Zéni, maar toch vond ze dat de vriend de verantwoordelijkheid mocht opnemen. Dat zei ze natuurlijk niet hardop maar toen ze een blik wisselde met Amy wist ze dat zij er ook zo over dacht.

Zéni besloot toen maar om haar bed op te dekken en haar kast in te laden, ze had één schapje gekregen uit de kast en moest het daarmee doen. De kast was veel te klein voor acht vrouwen.

Toen alles achter de rug was, was het al tijd voor het avondeten. Boterhammen met tonijnsalade. Toen ze aan tafel gingen zitten stonden Laura, Georgette en Ira op en liepen naar hun kastje of ijskast.

'Iemand een cola hebben?' vroeg Laura en ze keek vooral naar Amy en Zéni omdat ze nog geen spullen van kantine hadden gekregen.

'Dat zou eigenlijk wel vriendelijk zijn als je er kunt missen, we geven je dat zo snel mogelijk terug.'

'Zo werken we hier niet.' Dat was Georgette die terugkwam met een doos hardgekookte eieren. 'Als we iets hebben delen we, we zien ook wat we bestellen met ons allen. Dan hebben we voor ieders wat en komen we nooit tekort. Als je een eitje wilt pak maar, hè dames.' En met het laatste gezegd te hebben liet ze de doos rondgaan.

'Wel, dan wil ik wel een colaatje en een eitje,' zei Zéni en ze was enorm blij dat ze in deze cel terecht was gekomen samen met menselijke vrouwen.

Toen het avondeten op was en iedereen haar bord in de wastafel had gelegd bleven de meeste dames aan tafel zitten.

'Zullen wij dan de afwas doen, Zéni?' vroeg Amy die al rechtop stond. Zéni stond ook rechtop en ging meehelpen.

'Dank jullie, dames, dat is enorm tof van jullie,' zei Nicol en de rest knikte goedkeurend.

Na de afwas werd de tafel gepoetst door Ira en Ela en ging iedereen op zijn bed liggen om het nieuws te zien. Toen dat gebeurd was werd een film opgezet en werd er met chips, nootjes en drinken rondgegaan.

En voor de eerste keer voelde Zéni zich op haar gemak en besefte ze hoe gestrest ze was geweest de laatste dagen en hoe gezegend ze was om eerst met Amy en nu met de rest in de cel te zitten. En even vergat ze het geval van de onbekende geldschieter.

De volgende dag werd Zéni wakker na een eerste rustige nacht, wat ze raar vond omdat het de eerste keer was dat ze met zoveel mensen in één kamer sliep.

Toen ze zich omdraaide en rondkeek zag ze Georgette aan de deur staan, kannen aannemend en Laura was de soep op tafel aan het zetten. 'Goedemorgen Zéni,' zei ze toen ze zag dat die wakker was. 'Goed geslapen hoop ik?'

'Wel, kan beter moet ik bekennen. Kan ik je helpen?'

'Ja, als jij even het brood van de tafel aan de deur kunt pakken en op de eettafel kunt zetten, alsjeblieft?'

Toen alles klaarstond vielen ze met acht aan en was het stil. De uiensoep was simpel maar heerlijk en samen met de koffie leek het precies of ze in een herberg aan het eten waren onder vrienden. Er werd gelachen en gepraat alsof ze elkaar al jaren kenden.

Toen het eten op was en alles schoongemaakt ging iedereen de dag door op zijn eigen manier. Ira en Ela waren in het Zweeds aan het praten op één van hun bedden. Laura was met Georgette en Nicol aan het kaarten en Jennifer was een boek aan het lezen.

Amy was nog even in bed gaan liggen en Zéni besloot dan maar naar het spelletje kaart te kijken: misschien leerde ze nog een nieuw kaartspel.

Na een tijdje kijken dacht ze het door te hebben, iedere speler had een gelijk aantal kaarten (afhankelijk van het aantal spelers) en je moest om de beurt een kaart op tafel gooien met de tekens naar beneden en zeggen wat je gooide, de tegenspeler moest dan raden of je loog of niet. Dacht de speler dat je loog dan kon hij de kaart pakken. Als zij gelijk had kreeg je de kaart terug, zo niet moest zij die zelf nemen.

Indien de speler dacht dat je gelijk had kon hij er ook één bij opgooien en zo ging het spel verder. Door deze regels had Zéni al een paar keer gezien dat ze drie rondes lang zeiden dat er een 2 op tafel lag ook al lagen er 9 kaarten op tafel.

Toen Laura de kaart pakte en hoopte de leugen te doorzien zag ze dat Nicol haar laatste kaart wel een 2 was en moest ze dus heel de stapel zelf pakken.

Het was een spel van liegen en bluffen en dat beviel haar wel en het ging de andere twee ook goed af.

Na een tijdje ging de deur open en hoorden ze de agent naar binnen roepen. 'Kantinebedeling!'

De dames lieten alles liggen zoals het was en haastten zich naar de deur om de kantine aan te nemen.

Toen het eindelijk Zéni's beurt was en de hele lading van cola's, snoep en andere producten voor verzorging, dacht ze weer aan haar anonieme geldschieter en het was de rest ook opgevallen toen al haar producten op bed lagen.

'Amai meid, waar heb jij uw *sugardaddy* vandaan?' vroeg Ira en ze zag de rest geïnteresseerd kijken.

'Dat is een goede vraag, toen ik hier binnenkwam was er door een onbekende een redelijke hoeveelheid geld gestort.' Ze zouden er toch achter komen, in een kamer met acht hou je niet echt iets geheim.

'Hoezo onbekend? Je kunt toch bij BDW een afschrift laten komen, en daar moet wel elke naam op staan die je iets opstuurt. Dat is verplicht.'

'Ja, dacht ik ook en ik heb die ook aangevraagd.' En ze liet de afdruk van haar rekening zien.

Uren waren ze bezig om te speculeren van wie het geld kwam, uiteindelijk toen het ver in de avond was en ze geen antwoord konden bedenken gingen ze allemaal slapen.

De volgende morgen werden ze vroeger wakker gemaakt dan normaal en even dacht Zéni dat er iets ergs aan de hand was, dus sprong ze uit bed in alleen haar ondergoed en stond rond te kijken. Iedereen keek haar met een geamuseerde blik aan.

'Wel, als jij eerst wilt douchen, mag je gaan hoor,' zei Laura.

'Huh? Douchen, is dat nu?'

'Ja slaapkop, om de twee dagen buiten in het weekend zoals altijd.'

Zéni keek naar het bed waar Amy sliep en besefte dat ook zij al even niet meer had gedoucht.

'Oké, dank je, weten jullie zeker dat ik eerst mag?'

'Ja, je staat toch al klaar. Doe wel eerst iets aan, want dat hebben ze niet graag dat je zo staat.'

Ze keek naar beneden en zag dat ze in haar ondergoed in het midden van de kamer stond. Veel trok ze zich er niet van aan, ze had toch een lichaam om te laten zien, desalniettemin trok ze toch een broek en T-shirt aan. Pakte haar handdoek en shampoo en liep de deur uit.

Op de gang wist ze niet waar naartoe te gaan. Elke deur die ze zag leek op een cel en nergens stond een bordje met douche op.

'Eerste keer douchen op deze gang?' zei een stem achter haar die van een agent leek te komen.

Toen ze niets zei wees ze naar een deur aan de rechterkant van de gang. 'Daar is de douche.'

'Dank je,' zei Zéni en ze liep naar de deur, daar binnen zag ze drie kotjes met halve deurtjes zonder slot.

Ze stapte binnen en deed de deur dicht, die was zo laag dat je erover kon kijken. Tot haar geluk was de douche zelf achter in het kotje en was die afgedekt met een muurtje.

Ze kleedde zich uit en deed de douche aan. Het miezerige straaltje dat eruit kwam was niet veel en het water was lauw, maar toch genoot ze ervan alsof ze nog nooit een douche had gehad en was ze al opgelucht dat het niet zoals op televisie samen douchen was. Wat waren de films op televisie en series toch fout, dacht ze bij zichzelf.

Ze waste alle vuil en stress van haar lichaam af en bedacht hoe ze zich de afgelopen dagen had gevoeld, vooral onverschillig en ergens verschoot ze er niet van. Haar hele leven was ze al aan het vechten en overleven en ergens was dit niet anders, enkel die anonieme geldschieter vond ze zorgzaam want ze stond niet graag bij iemand in schuld en zeker niet als ze niet wist bij wie.

Na de douche droogde ze zich af en kleedde zich weer aan, als herboren liep ze naar de celdeur en wachtte tot een agent die opendeed. Ze liep naar binnen en legde haar handdoeken op de verwarming om te drogen, toen ze naar haar bed liep lag er een enveloppe op met haar naam: "*Zéni Valler cel 2231*".

'Wanneer is dit gebracht?'

'Net, toen jij stond te douchen. Waarom? Is er iets mis?'

'Nee hoor, ik vroeg me gewoon af of ik erop had gelegen,' loog ze.

Ze pakte de brief en draaide die om om te zien wie de afzender was. Geen afzender op geschreven.

'Moet er normaal wanneer een brief wordt opgestuurd geen afzender op staan voor het geval dat de brief terug gestuurd moet worden?'

'Normaal wel ja, maar ze doen die hier open en soms doen ze die in een nieuwe enveloppe.'

Alle ontspanning van zonet was weg en het voelde weer of haar schouders vastzaten.

Ze deed de enveloppe open en las de brief na, bij elke letter die ze las kwam er een kronkel in haar voorhoofd bij. Zoveel dat het pijn deed.

"Zéni Valler,

Je kent mij waarschijnlijk niet en dat is ook logisch.

Ik neem aan dat je al hebt gezien dat er €200 is gestort op je gevangenisrekening, ik snap dat je wilt weten van wie het komt.

Bel om 20u vanavond naar het nummer: 0487543296"

Ze las de brief drie of vier keer door en snapte het nog steeds niet. Ze keek op de klok en zag dat het nog maar zeven uur was. Tijd voor de koffie en soep.

De dag ging langzaam voorbij. Ze probeerde haar dag te slijten met spelletjes spelen en films kijken. Toen het eindelijk acht uur was sprintte ze naar de telefoon, toetste het nummer in en ging in de wc staan, bang voor wat er ging komen en nieuwsgierig om wie ze ging horen.

De telefoon ging over en over en het duurde lang voor er aan de andere kant iemand opnam.

'Hallo?' klonk een diepe stem aan de andere kant van de lijn.

'Hallo, pa,' zei Zéni.

'Geweldig, je weet al wie ik ben en je hebt nog niet opgehangen, dit gaat geweldig.'

'Wat wil je?'

'Ik wil praten met je. Wel erg dat ik er eerst 200 euro voor moet betalen maar ja, beter dat dan niets hè? Hoe is het daar?'

'Ja, zo gaan we niet doen, man. Na jaren niets te laten horen gaan we geld storten en ineens vragen hoe het hier is. Op bezoek komen kan niet zeker?'

'Ja, jij moet dat aanvragen als je dat wilt, vul een papiertje in en ik sta daar.'

'Goh. Mijn vader die zich aan die regeltjes houdt. Wat is het? Heb je niet meer zo een lange arm ofzo?'

'Zeker dat je dat wilt testen, Zéni?'

'Ja, vader, ja, jij bent er nooit geweest en nu ga ik een papiertje moeten invullen om je te zien. Kom hè, doe een beetje je best als je me echt wilt zien.'

BIEP, BIEP, BIEP. De lijn was verbroken en Zéni stond in de wc met de telefoon in haar handen en trillend op de benen.

'Zéni Valler?' klonk het aan de andere kant van de deur. Ze stapte de wc uit en hing de telefoon aan de hoorn.

'Meekomen,' zei de brede agent in deurgat. Hij was zeker twee meter met een volle bos haar en een lange vikingbaard. Wat het meeste opviel was dat hij een zwarte plek aan zijn linker-ringvinger had alsof er een ring was getatoeëerd.

'Waar gaan we naartoe?'

'Geen vragen stellen, Valler. Gewoon meekomen, je bent zo terug.'

Ze hief haar schouders op en liep mee naar de gang. De traliedeur door en weer de trap af naar beneden. De gangen waren weer leeg wat haar deze keer niet verbaasde want het was al laat en iedereen was voor de televisie naar een film aan het kijken.

Helemaal beneden liep de agent naar de visbokaal in het midden waar een agent verveeld op de schermen zat te kijken. Eenmaal bij de speaker gekomen hoorde ze een BIEP, en sprak de agent die haar mee had genomen.

'Valler, Zéni, videogesprek.'

'Oké, laat haar maar doorlopen.'

'Kom mee.'

Ze liepen aan de rechterkant van de visbokaal voorbij de wachtzaal van de dokter en het directeurslokaal dat nu leeg was. Daar was een glazen deur waar ze de gang achter kon zien en die ze herkende als de gang waar ze was binnengekomen.

Een zacht gezoem liet horen dat de deur los was, de agent deed die open, liet Zéni door en zei zonder op te kijken naar haar: 'Derde deur aan de rechterkant binnengaan.'

Ze liep door de deur en ging twee deuren voorbij die allebei dicht waren en waar het licht uit was, bij de derde zag ze die openstaan en het licht branden. Ze ging binnen, sloot de deur en die ging direct in het slot.

Binnen zag ze een tafel met één enkele stoel voor en aan de andere kant van de tafel een groot televisiescherm met een blauw scherm op.

Ze ging zitten en het scherm sprong aan. Daar aan de andere kant van het scherm zat een man van wat Zéni dacht dat hij nu in de veertig jaar moest zijn. Zijn donkerbruine haar lag met een scheiding aan de linkerkant naar achter gekamd en zijn dunne baardje was mooi getrimd en perfect gelijnd. Zijn ogen helderblauw en stevige kaken.

'Dag pa, het is niet wat ik dacht maar ik schrik er toch van u hier te zien.'

'Zie je wel, dochter, ik heb nog altijd een lange arm.'

'Ja, blijkbaar. Nu heb ik je gezien dus ik ga terug naar mijn cel.' Ze stond op en wilde naar de deur lopen die nog steeds op slot was.

'Nee Zéni je gaat even moeten luisteren naar mij. Ik ben nooit een goede vader geweest maar je moet begrijpen dat als ik bij jullie bleef het niet veilig ging zijn voor jullie. Ik heb vele vijanden gemaakt in de loop der jaren en die zouden niet stoppen met ons te achtervolgen.'

'Dus nu ineens kun je wel contact opnemen met mij? Nu ben je niet bang voor mensen of wat er met mij zou gebeuren?'

'Wat er toen was is opgelost, Zéni, ik snap dat je niet blij bent om mij te zien maar ik doe al deze moeite om je te horen nu je in nood bent. Ik wil je helpen met buiten te raken zodat wij samen iets kunnen opbouwen.'

'Ik wil niet geholpen worden door jou, ik blijf hier tot de rechter anders besluit, hou je hierbuiten. Als je toch wilt helpen stuur wat geld op, dat is het enige waar je goed voor bent.'

Ze stond op en liep naar de deur die nu wel open was. Toen ze in de deuropening stond draaide ze zich nog eens om naar de televisie en ze zag haar vader naar iemand kijken achter de camera. Toen hij haar zag kijken zei hij nog: 'Soms hebben we geen keuze wat we doen, prinsesje, ik zie je nog.' En met een knipoog kwam er een blauw scherm op de televisie en was het gesprek afgelopen.

Ze liep naar de gang waar een agent stond te wachten aan de metaaldetector, ze liep erdoor en toen die niet afging ging ze in de wachtzaal voor het BAD zitten, alles overdenkend.

Dus haar vader was erachter gekomen dat ze vastzat, wilde ineens weer contact hebben en alles goed maken en wilde haar hieruit helpen? En wat was dat op het einde: "Soms hebben we geen keuze wat we doen, prinsesje, ik zie je nog. " Nog nooit had iemand haar prinsesje genoemd.

Eenmaal terug boven in haar cel stond iedereen klaar om haar verhaal te horen en ook al kende ze de rest van de cel nog niet zo lang, toch had ze het gevoel dat ze ze kon vertrouwen. En ze moest het vertellen aan iemand, wie weet hadden de meiden er een andere kijk op.

Na weer uren te speculeren kon niemand er een touw aan vastknopen en gingen ze allemaal één voor één slapen.

Dagen gingen voorbij en niets wees erop dat ze haar vader nog zou terugzien. Alles was rustig en ze was de confrontatie met hem al bijna vergeten. Denkend aan alles dat ze moest regelen voor haar advocaat en zich zorgen makend over de uitspraak van de rechtszaak binnenkort.

Toen Zéni en Amy twee weken in de cel zaten moest Laura voorkomen en toen ze terugkwam in de middag was de glimlach op haar gezicht zo groot dat het haar gezicht in tweeën deelde.

'Ik mag naar huis! Ik mag naar huis!' riep ze, nogal overbodig, te zien aan haar glimlach en het feit dat ze een gat in de lucht sprong.

'Geweldig!' riep Georgette.

'Oooh, ik vind dit zo leuk voor je,' zei Amy en de rest van de dag werd besteed aan feest vieren en drinken en snoepen.

Toen ze 's avonds Laura kwamen halen en de deur achter haar dichtdeden werd het stil in de cel, iedereen kroop terug in haar bed en zelfs de televisie stond uit. Iedereen was blij voor Laura maar besefte ook dat het betekende dat er morgen een nieuwe voor de deur stond en je nooit weet wie het zou zijn en hoe haar karakter zou zijn.

Na een heel onrustige nacht stond Zéni op terwijl iedereen nog aan het slapen was. Ze keek op naar de deur en zag dat er een enveloppe op de grond lag.

Ze liep naar de deur en was niet verbaasd dat ze haar eigen naam erop zag staan. Toen ze de enveloppe open deed schrok ze zo erg dat ze het liet vallen en met trillende handen bleef staan.

In de enveloppe zat een foto van haar vader, vastgebonden aan een stoel, bloed liep uit zijn mondhoeken en uit een wond op zijn hoofd. Hij zag er slecht uit. Zijn haar en baard zagen er nog hetzelfde uit als in het videogesprek dat ze hadden gehad maar zijn grijze T-shirt was zo ver uitgetrokken dat de nekopening op zijn borst hing en er één van zijn mouwen was afgescheurd.

Toen ze de foto weer opraapte merkte ze dat er een brief achter zat.

"Zéni Valler,

wat je vader zei over mensen die achter hem aanzaten was niet gelogen.

Nu, spijtig voor hem en jou, kan hij zijn deel van de afspraak niet nakomen en moet hij boeten.

Kijk wat je hebt gedaan toen je je vader afwees "prinses". Wil je je vader ooit nog zien, zorg er dan voor dat je uit je hotel daar geraakt. Ik weet dat je het kunt maar vergeet niet: je vader heeft een lange arm en je goede band met de directeur gaat je niet helpen.

Als je buiten bent ga naar het park in Schoten, daar krijg je verder je opdracht."

Ze las de brief drie keer door en verbrandde hem toen, sommige dingen moeten geheim blijven. Toen ze de assen had weggespoeld in de wc en de geur had weggebrand door een sinaasappelschil te branden, ging ze weer naar het leefgedeelte van de cel waar iedereen nog sliep en liep naar het raam, de eerste keer dat ze naar buiten keek.

Hun cel keek uit over een plein met een geschilderde muur aan de overkant. Op het plein was een voetbalveld, een afdakje en er waren een paar fitnesstoestellen geplaatst ommuurd door een muur die even hoog was als de zes verdiepingen hoge gevangenis, dus eenmaal boven op het dak moest je u al geen zorgen maken over sprongen die je moest doen. Nu nog op het dak komen.

Aan de muur die haaks op die van hen liep zag ze naast ieder raam ook nog een lichtpaal die aan de muur hing, als ze de grating van het raam kon halen kon ze misschien via de lichtpaal naar boven klimmen.

Natuurlijk moest ze dan wel door metaal kunnen slijpen en dat zonder dat haar celgenoten dat hoorden, dat kon ze wel vergeten, dacht ze.

Toch besloot ze om die weg te onthouden en bij de eerstvolgende wandeling mee naar buiten te gaan om alles beter te bekijken.

Ze ging terug in bed liggen en wachtte geduldig af tot de eerste wakker werd, zoals altijd was het eerst Georgette die door haar rug nooit lang kon slapen. Geleidelijk aan werd de rest wakker en kroop ook Zéni uit bed.

Het ontbijt kwam en ging weer, flauwe wortelsoep met lauwe koffie. Dat eten hier was ze ook al beu en stiekem was ze al aan het denken aan het eten dat ze zou eten als ze buiten was, dat zou wel moeten wachten.

Rond drie uur in de middag toen ook het middageten al lang was gepasseerd, deze keer spaghetti bolognese die verrassend genoeg heel goed was, kwam de agent vragen wie er ging wandelen en stond Zéni voor de eerste keer rechtop en meldde dat ze wilde wandelen.

'Oooh ga je wandelen, Zéni? Dan ga ik mee denk ik, ik heb altijd al eens willen zien waar de wandeling is.' Dat was Amy en Zéni keek verontrust op naar haar bij het horen dat de wandeling niet op dit plein zou zijn.

'Dat is toch het plein hier als je buiten kijkt?'

'Neen hoor, dit plein hier is van de werkende mannen. Heb je nooit staan kijken naar ze als ze sporten? Moet je zeker eens doen, soms is het de moeite waard.'

Verder pratend over de mannen die ze had zien sporten met de brede armen kleedde Amy zich aan om mee naar buiten te gaan. Zéni luisterde al niet meer, het enige wat ze dacht was dat ze haar plan wel kon vergeten.

Toen de agent hen kwam halen stond de hal vol, bij elke deur stonden er minstens twee agenten. Toen ze buiten kwamen moesten Zéni en Amy zich omdraaien en werden ze gefouilleerd door een agent, daarna werden ze doorverwezen naar een deur ongeveer halverwege de gang die uitliep in een trappenhal.

Bij het afgaan van de trappen kon Zéni al een deel van het plein zien door de kleine raampjes die op iedere verdieping geplaatst waren.

Het plein zag er ongeveer hetzelfde uit als die waar hun cel op keek alleen was hier geen geschilderde muur, maar waren de muren wel even lang. Eén probleem: hun cel lag aan de andere kant. Misschien als ze over het dak kon gaan?

Toen ze buiten kwamen genoot ze van haar eerste zonnestralen op haar gezicht. Het was nu eind februari en verrassend goed weer voor de tijd van het jaar. De zon scheen vol op het plein waardoor het enorm warm was en af en toe was er een fris windje dat juist voor voldoende verfrissing zorgde.

Ze liep even het plein rond en genoot van de ruimte die ze had om te lopen, het voelde alsof ze herboren was, alsof ze nog nooit had gelopen.

Ze liep en liep en liep, het was in cirkels maar toch leek het of ze over een groen weiland liep. De zon op haar gezicht en de wind in haar rug. Ze vergat voor even al haar zorgen en werd teruggenomen naar een betere tijd. Een tijd die ze zich nog nooit had herinnerd, tot nu.

Ze was een klein meisje en liep aan de hand van een man aan de kant van een rivier of een vaart. Ze bleven staan en voedden de eenden met brood dat ze hadden meegenomen, ze keek opzij naar de man en zag een bebloed gezicht. Er liep bloed uit de mondhoeken en uit zijn ogen, er zat opgedroogd bloed op zijn voorhoofd.

Ze schrok op uit haar gedachten en keek op. Ik zit in de gevangenis, wat ik net zag was een speling van mijn gedachten gewoon omdat ik zon en wind voelde. Hoe zwak kan ik zijn.

Even moest ze zoeken tot ze Amy terug had gevonden, die stond nog altijd ter hoogte van de deur en was omhoog naar de muur aan het kijken.

'Naar wat zijn we aan het kijken?'

Amy schrok toen Zéni achter haar stond en de woorden sprak, even leek ze alsof ze betrapt was zoals een kind dat snoep stal achter de rug van haar moeder.

'Niets hoor, ik was gewoon aan het kijken hoe het hier was opgebouwd. Ik heb nooit gezien hoe de bouw was dus ik ben een beetje gedesoriënteerd en dat ben ik niet gewend.'

'Of je bent zoals een goede dief niet enkel naar wegen aan het kijken om binnen te komen maar ook om buiten te gaan,' zei ze met een lachje in haar stem, maar er kwam in haar brein ook een plan. Een dief had altijd een weg naar binnen maar ook naar buiten. 'Hoe zou jij het aanpakken, denk je? Ik was aan het denken als je de grating voor de ramen weg krijgt dat je kunt klimmen naar het dak en dan weg kunt?' Ze probeerde het zo nonchalant mogelijk te laten klinken, maar toch zag ze Amy argwanend kijken. 'Wel, jij bent niet de enige die al eens een huis binnen is gebroken, ik kijk ook naar uitwegen.'

'Dat is een verhaal dat ik wel eens wil horen.' Er klonk een vleug van empathie als ondertoon.

'Wel, als jij zegt wat je ervan denkt, vertel ik mijn verhaal.'

Ze zag Amy even nadenken en wilde net zeggen dat ze het moest vergeten, en gewoon het verhaal vertellen van die ene keer dat ze had ingebroken bij haar ex, toen ze zag dat Amy niet aan het kijken was naar haar, maar naar de muur.

'Wel, de muur is niet te doen, er zijn veel te veel camera's. Als je al tegen de muur kunt klimmen als een spin ben je zo betrapt.'

'En als je zwart draagt? Midden in de nacht?'

Amy keek nu wel naar haar, alsof ze iets grappig had gezegd. 'Ofwel ben jij nooit tot na middernacht wakker gebleven, ofwel let jij niet op.'

'Ik heb betere dingen te doen dan naar buiten kijken midden in de nacht.'

'Ja en nu wil je het ineens allemaal weten en ben je wel aan het kijken. Wat is er aan de hand, Zéni?'

'Niets, zie, als je je bedenkingen niet wil zeggen laten we het zo en gaan we sporten.'

Ze liet de woorden even bezinken en begon al stilletjes naar de fitnessapparaten te wandelen die verderop stonden opgesteld.

'Oké, we maken een deal, meid.'

Zéni draaide zich als gestoken om. Misschien wel een beetje te snel want Amy twijfelde weer een beetje, maar zette toen toch door.

'Jij vertelt je verhaal, en je zegt wat je van plan bent. En niet zeggen dat er niets is,' voegde ze eraan toe toen ze zag dat Zéni weer wilde protesteren. 'Dus jouw verhaal van het inbreken, wat je van plan bent en dan vertel ik wat ik denk, goed?'

Daar hoefde Zéni niet over na te denken en ze ging dan ook bijna onmiddellijk akkoord, ze twijfelde enkel om te schijn op te houden.

'Dus de muren zijn uitgesloten. Ook als je zwart draagt en midden in de nacht klimt, eerst en vooral moet je al door de grating geraken, en met acht in de cel gaat dat niet. Als je dan al er doorkomt branden er altijd lichten buiten, gericht op de muur dus zwart haalt niet veel uit.'

Ze stopte even en keek naar Zéni die moest toegeven dat het wel heel optimistisch was bedacht, en redelijk amateuristisch.

'Laten we even rond wandelen, als we te lang staan kijken naar de muren vallen we op.'

Ook daar moest ze Amy gelijk in geven. Er zat meer in haar dan Zéni eerst had gedacht. 'Dus er is eigenlijk geen manier om buiten te raken?' De wanhoop was bijna niet te misverstaan in Zéni haar stem, ze wilde de schijn toch niet echt meer ophouden voor Amy.

'Door het raam en over de muur kun je eigenlijk wel vergeten, ja. Maar hoe oud is deze gevangenis?'

Daar verraste ze Zéni mee, hoe moest zij nu weten hoe oud dit gebouw was? En wat deed het ertoe? Het bleef stil en Zéni keek Amy onbegrijpend aan.

'Wel, deze gevangenis is ongeveer honderdzestig jaar in dienst, denk ik,' zei Amy uiteindelijk. 'Ik heb mijn opzoekwerk gedaan, Zéni, zoals je al weet: een goede inbreker weet waar hij naar binnen gaat, of wel in mijn geval: zit.'

'Oké, allemaal goed en wel maar ik neem niet aan dat we de muren omver kunnen duwen vanwege de leeftijd?'

'Mevrouw Valler, waarom ben jij zo geobsedeerd door de muren?'

'Dat zijn de grootste obstakels die je moet overwinnen, toch?'

'Wat doe je als je niet over een obstakel kunt, noch eromheen, noch erdoor?'

'God, je klinkt net als mijn leerkracht wiskunde vroeger toen ik een vraagstuk niet kon oplossen.' Bij deze vergelijking kwam er een brede glimlach op Zéni haar gezicht, haar wiskundeleerkracht kon niet verder verschillen van Amy. Haar gezicht leek op dat van een dikke pad en ze volgde strikt de regels, en wist wel altijd diegene te vinden die dat niet deed. Wat niet moeilijk was, want Zéni was er altijd bij.

'Wel als je er niet over, naast of door kunt ga je er toch onder?' Hoe Amy het zei leek het net of het het meest voor de hand liggend was.

'Dus jij wilt een tunnel graven op onze zesde verdieping? Laat me raden: we gebruiken ook nog lepels zoals in de films.' Ze begon al spijt te krijgen dat ze hulp had gevraagd, het was duidelijk dat Amy wel wist waar ze over sprak maar niet echt de moeite nam een degelijk plan te maken.

'Nee, of jij moet dat kunnen dan wil ik kijken hoor.'

Na deze woorden werd Zéni echt kwaad, ze stond hier kostbare tijd te verdoen terwijl haar vader haar nodig had. Wel raar dat ze, na al die jaren van geen contact te hebben, onmiddellijk wilde ontsnappen omdat haar vader in de problemen zat.

Het was toch niets nieuws dat haar vader vijanden had, ze had nooit geweten wat hij precies deed. Maar ze wist wel dat het in de onderwereld was, wie daar niet mee kon werd meedogenloos afgemaakt. Ze had het zelf meerdere keren meegemaakt.

Ze liep boos weg van Amy en begon weer de muren af te turen. Ergens moest er een zwakke schakel in zitten, dat zit in iedere constructie, dat kon niet anders. Misschien als ze kon zorgen dat het licht uit was, dan kon ze nog klimmen.

'*Einde van de wandeling,* ' hoorde ze een stem door een speaker roepen, en ze zag aan de andere kant van het plein de deur openen.

Amy stond op haar te wachten maar ze liep gewoon door de deur terug naar boven.

Eenmaal binnen in de cel liet ze iedereen even links liggen en ging naar de wc, aan de andere kant van de deur hoorde ze Amy iets zeggen van maagklachten van het eten. De deur ging open en ze kwam bij Zéni zitten.

'Ik ben blij dat je het zelf doorhebt.'

Zéni keek verrast op en zag Amy glimlachen van oor tot oor.

'Och neen, zeg alstublieft niet dat je hier gewoon kwam zitten voor niets. Want hier is je weg om te ontsnappen.'

Nu snapte ze er niets van, hoe kon in zo een kleine ruimte nu een weg zijn? Er waren toch zeker geen roosters of ramen om door te raken?

'De pijpleiding van de wc is nooit vervangen, dat wil zeggen dat ze hier nog steeds rechtstreeks op het riool zijn aangesloten. En ze zijn groot genoeg voor een volwassen man, het is al eens getest.'

Hoofdstuk 5

Ze zaten allemaal aan tafel. Amy had haar beloofd dat het verhaal nog ging komen, alleen moest Georgette het vertellen want die kende het verhaal beter. Alleen om het in het gesprek te krijgen zonder dat het opviel moesten ze even wachten.

Dus waren Zéni en Amy teruggekomen uit de wc en hadden ze gezegd dat het eten een beetje op haar maag was gaan liggen, maar dat ze weer beter was.

Nu hadden ze net gegeten en was Amy begonnen met praten over inbraken die ze had beleefd en was ze een paar verhaaltjes aan het vertellen over mensen die ze in de gevangenis kende. Of ze allemaal waar waren betwijfelde Zéni en het maakte ook niet uit. Amy was niet alleen een goede inbreekster maar ook een goede verhaaltjesverteller.

'Dus knoopten ze dekens aan elkaar, die ze aan de kant hadden gehouden van de was. Schoten het licht kapot buiten met een zelfgemaakte katapult en klommen naar vrijheid,' besloot ze een van haar verhaaltjes.

'Jammer dat er hier tralies voor hangen,' zei Laura triest kijkend naar het raam.

'Ja, dat is zo,' zei Amy bedachtzaam en toen alsof het haar net te binnen schoot keek ze naar Georgette en zei: 'Maar dat is waar meid, jij hebt van de week toch verteld over een uitbraak hier?'

Georgette was verrast dat het gesprek naar haar was gegaan en moest even denken, maar zei uiteindelijk: 'Ja, dat is waar, ik was het al bijna vergeten dat ik het verteld heb. Maar iedereen heeft die toch gehoord?'

'Ik niet,' zei Zéni. 'Maar nu ben ik wel benieuwd.'

Geamuseerd keek ze naar Zéni, hoe graag Georgette vaak op de achtergrond bleef, ze genoot er wel van dat de groentjes naar haar kwamen voor vragen en verhalen. En dit was een uitstekend verhaal.

'Een paar jaar geleden, niemand weet nog hoelang maar langer dan tien jaar kan het niet zijn. Twee mannen die een moord hadden gepleegd, iets over de zus van de jongste die lastig gevallen werd. Of viel ze nu die man lastig niemand die het wist en durfde te vragen.' Ze stopte even om van haar glas te drinken en bouwde zo de spanning op. 'Dus de twee komen binnen en denken omdat het over een zus gaat dat ze snel buiten zijn. Zoals altijd die onzin "meneer de rechter mijn cliënt heeft enkel gehandeld ter verdediging van de vrouwelijke persoon die werd lastig gevallen". Dus ze hebben een slechte rechter en horen dat ze beide vijfentwintig jaar krijgen, niet echt wat ze hoopten.'

Weer die stilte, al was het deze keer maar om het getal door te laten dringen. Vijfentwintig jaar is enorm lang en het maakt niet uit hoe oud je bent, daar ben je even niet goed van. Zéni dacht na wat ze zelf zou doen als ze vijfentwintig jaar zou krijgen en besloot dan ook uit te breken of er een eind aan te maken. Wat het makkelijkste was dan.

'Dus de twee mannen besluiten om uit te breken, je weet wel zoals normale mensen besluiten wanneer ze hun straf hebben. Nu, wat veel mensen niet weten is dat dit een oud gebouw is, ongeveer honderdvijfenzestig jaar oud. De pijpleiding is hier zo breed dat een volwassen man erdoor kan en hij komt recht in het riool terecht.

Om daar te raken moet je natuurlijk wel eerst een stuk uitgraven van de aangrenzende leidingen en dat zijn de douche en de wc. Vanuit de douche ga je nooit graven dus de enige keuze was de wc, ze groeven voor drie maanden, haalden de wc weg en deden hun boodschap in de wastafel. Wat ze met de grote boodschap deden weten we niet en wil ik ook niet weten.' Weer stopte ze even om te drinken en iedereen te laten denken over waar de grote boodschap heen ging.

'In de nacht haalden ze dus de wc opzij en begonnen te graven met gereedschap dat ze hadden van de keuken en andere plekken. Blijkbaar is de cement rond de buis zo verduurd dat je die zo kunt uitlepelen en hoef je amper een paar centimeter te graven voor je bij de verbreding bent. Dus een beetje graven en de vrijheid was in zicht. Nu, dit is maar een verhaal of eerder gezegd een legende, het verhaal is niet echt.'

'Wel nu we het over de wc hebben moet ik echt dringend plassen meiden, ik ben zo terug' Ze stond op en wandelde naar de wc en Amy was de enige die erop lette.

Eenmaal bij de wc keek Zéni rond de onderkant van de wc en pulkte wat aan de cement die er omheen zat, inderdaad, het kwam er zeer gemakkelijk uit.

Toen ze terugkwam knikte ze onherkenbaar naar Amy en die gaf een kleine glimlach terug.

Toen iedereen sliep pakte Zéni een lepel en probeerde nogmaals wat cement weg te halen. Verrassend genoeg lukte het beter dan ze ooit had verwacht, ze haalde stukje bij stukje cement weg en zag al gauw een stukje buis, het enige dat nu nog stoorde was de wc zelf. Tot haar geluk had ze een dief aan haar kant.

Ze ging slapen met enorm veel voldoening en sliep zo rustig als maar slapen kan.

Een paar dagen gingen voorbij en Zéni en Amy hadden de gereedschappen om de wc los te krijgen: een oude sleutel die ze ergens hadden gevonden en een schroevendraaier om nog wat cement weg te krijgen.

Het lastigste was nog altijd de wc eruit krijgen zonder dat de anderen het doorhadden.

Toen er een wandeling was waren Amy en Zéni weer als enigen van hun cel buiten en dus konden ze perfect bespreken hoe ze het gingen aanpakken.

'Dus als we weg willen raken moeten we de wc verschuiven,' begon Zéni

'Ja, niet zo snel meid, ik heb gezegd dat ik mijn plannen uit de doeken ging doen na jouw verhaal, nu, ik heb mijn plannen al laten weten. Jij jouw verhaal niet.'

Ze keek even verbaasd maar besefte wel dat dat inderdaad de afspraak was geweest.

'Dus eerst de inbraak en daarna waarom ik hier weg wil?'

'Maakt niet uit in welke volgorde, zolang ik ze allebei maar hoor.'

'Mijn moeder is gestorven bij de geboorte en mijn vader is daarna weggegaan, dat is eigenlijk het begin van beide verhalen. Ik ben opgevoed geworden door pleegouders en in zorgtehuizen vanaf dat ik geboren werd en vanaf mijn vijftiende liep ik overal weg. Ik wilde mijn vader zoeken of had een slechte ervaring bij de pleegouders. Nu, op een gegeven moment leer ik een jongen kennen, Jens. Ik was toen zeventien, hij achttien en hij is de laatste die ik mij ooit liet denken dat ik een man nodig had. Hij was een echte foute jongen, je kent ze wel, altijd op straat stelen en inbreken, enzovoorts.

Op een gegeven moment zit de politie achter mij aan, het was midden in de nacht en ik was weggelopen bij mijn pleegouders destijds. Dus politie achter mij aan en ik ga naar zijn thuis, ik bel op zijn mobieltje en hij neemt niet op. Ik ben toen in zijn tuin geraakt, via de dakgoot op de veranda en zo naar zijn raam, waar ik hem in bed zag met een blonde del.'

Ze viel even stil, zelfs na al die tijd deed het nog pijn om erover te praten en ze had het eigenlijk nooit verteld, aan niemand.

'Dus ik doe het meest logische: ik breek in bij hem door het raam van de veranda in te slaan met een steen uit de tuin, ben naar boven gegaan, heb die blonde uit zijn bed gehaald en van de trap geduwd en hem in zijn kruis getrapt. Ik was twee minuten buiten toen de politie mij oppakte en toen wisten ze al van de inbraak.'

'Is dat daarom dat je niemand in je buurt laat?'

'Ik heb gewoon geen man nodig die denkt dat ik zijn speeltje ben, het is daarom dat ik in de wereld van drugs ben gegaan. Een vrouw krijgt meer gedaan dan mensen denken, ik schud eens met mijn kont en de mannen vergeten de kwaliteit en de prijs, ze betalen alles wat ik wil.'

Amy keek met verwondering naar Zéni. 'Ik snap je absoluut, nu je laatste verhaal.'

'Deze gaat over mijn vader, ik heb gezegd dat hij er niet was bij de geboorte en mij aan mijn lot liet. Nu onlangs had ik een videogesprek met hem waarin hij zei dat hij moest omdat er gevaarlijke mensen achter hem aan zaten, die het gevaarlijk konden maken voor mij. Ik dacht dat het allemaal onzin was en uitvluchten, maar een paar dagen geleden kreeg ik een foto met mijn vader vastgebonden en met bloed overal. De brief die erbij zat zei dat ik moest uitbreken en hem kon redden. Ik weet dat je het waarschijnlijk dom vindt, maar ik moet hem redden, in de steek gelaten of niet.'

'Ik snap je volledig, familie komt altijd als eerste, wat er ook gebeurt, vandaar weet ik ook wat we gaan doen.'

'*Einde wandeling.*' Het gesprek werd opgehouden door de speaker die het einde van de wandeling aanduidde. Ze gingen samen naar binnen en terug naar de cel.

Terug binnen gingen Zéni en Amy hun eigen weg. Amy ging op haar bed zitten en Zéni ging aan de tafel zitten en speelde een spelletje patience.

Toen het avond was en iedereen voor de televisie zat kwam Amy bij haar op bed zitten, samen met een kladblok.

"*We moeten de wc laten overlopen, Zéni,*" schreef Amy op het kladblok en schoof het naar haar toe. Ze knikte, pakte een pen en schreef terug: "*Waarom en hoe?*"

Amy dacht even na voor ze het volgende schreef en doorgaf: "*Als de wc verstopt is heeft de rest geen reden om naar daar te gaan, waardoor wij vrij spel hebben.*"

Het was geen slecht plan moest Zéni toegeven, ze knikte naar Amy die opstond en naar de wc liep. Vijf minuten later kwam ze terug met de geur van verbrande sinaasappelschil en een plasje water op de grond.

Het duurde een paar minuten voor de rest doorhad dat er water onder de deur door liep en dan nog een paar minuten voor het hele spel op rolletjes was. Eerst was het Ira en daarna Georgette die het water zag lopen en na een tijd stond iedereen aan de wc-deur inclusief de agenten.

Er werd afgesproken dat de wc niet meer gebruikt werd tot de onderhoudsdienst was langsgekomen, iedereen moest nu in een andere leegstaande cel naar de wc en kon pas morgenvroeg weer gaan.

Hoofdstuk6

Toen iedereen sliep gingen Zéni en Amy naar de wc-deur, ze hadden lucifers meegenomen om licht te hebben, handdoeken om de spleten van de deur te bedekken en nog wat rode truien die ze altijd moesten aandoen als ze gingen wandelen op het plein. Het waren spuuglelijke truien maar dan hadden ze toch wat warmte.

Ze gingen naar binnen en Amy begon de wc los te draaien terwijl Zéni het cement weghaalde met de schroevendraaier. Na een hele tijd was de cement weg en zag ze een deel van de dikkere buis, waar zeker een volwassen man in kon.

Amy was klaar met de wc los te draaien en tilde de wc een beetje naar achter, ze zag tot haar geluk dat de buizen in elkaar geschoven waren en niet gelast of gelijmd. De dunne buis was in het dikkere gedeelte geschoven en konden ze er zo uit halen.

Enkel moesten ze ervoor zorgen dat ze de aansluiting voor het water niet beschadigden, dat zou pas een ramp zijn en heel de toiletruimte en uiteindelijk ook de cel zou dan onder water zijn gelopen.

Heel voorzichtig en nauwkeurig hieven ze de wc omhoog, Zéni liet haar benen in de buis hangen en voelde geen onderkant wat betekende dat de buis in ieder geval doorliep.

'Wat nu als de buis beneden terug dunner wordt?' Amy keek heel ongemakkelijk naar het gat waar Zéni haar benen in had gestoken.

Zéni keek naar het gat en moest bekennen dat ze daar ook aan had gedacht, maar het was nu te laat om terug te draaien en ze zou moeten doorzetten om haar vader te redden.

'Als je me wilt volgen is het nu je kans, als je bang bent ga je maar terug in je bed liggen.' En nog voor ze iets kon zeggen of Zéni zich kon bedenken, zette ze zich af.

Ze gebruikte haar handen en voeten om zich rustig naar beneden te laten glijden, de muren waren nat en stonken verschrikkelijk. Even dacht ze dat ze zou stikken door de gassen die werden gescheiden door de uitwerpselen.

Het was onmenselijk donker beneden haar en boven haar hoorde ze niets, ze wist niet of Amy was gesprongen of niet. Ze bleef glijden en glijden, de stank en het donker waren ondragelijk en toen ze dacht dat het niet erger kon worden gleed haar rechtervoet uit.

Haar schouder kwam hard in aanraking met de buis en haar neus werd in de uitwerpselen geduwd. Ze was aan het schuiven en overgeven tegelijkertijd. Ook was ze aan het vallen en kon ze door de gladde wanden niets vastpakken.

De helling van de buis werd minder en minder steil totdat ze op haar rug lag in de uitwerpselen en op handen en voeten verder moest kruipen, nog steeds was de stank één van de ergste dingen maar nu kon ze ook verschillende buizen zien uitkomen in haar eigen buis.

De grond lag vol met poep en ze hoorde achter zich water naar beneden komen, iemand had doorgetrokken en het kwam eraan.

Zo snel ze kon kroop ze verder, zonder te beseffen of ze iets opschoot of niet. Ze kwam een paar bochten door en merkte dat de buis groter en groter werd tot ze er uiteindelijk recht kon staan.

Hier en daar zag ze een gat in het plafond boven haar en zag ze dat er een klein wandelpadje was gemaakt aan weerszijden van de rivier van uitwerpselen. Ze koos ervoor om daarop te wandelen en door een gat proberen te kijken.

Ze kromp in elkaar toen ze een combi boven haar zag rijden en even dacht ze dat ze was betrapt, maar de combi reed door en alles was in orde.

Ze probeerde te zien waar ze was maar kon niets herkennen en liep maar verder. Om de zoveel keer keek ze door een gat om te zien of ze iets herkende. Uiteindelijk zag ze de KBC-toren wat betekende dat ze bij de Meir was.

Even liep ze nog door tot ze een soort van steeg zag waar ze uit kon komen. Eenmaal boven moest ze even kijken waar ze was en vervloekte ze zichzelf dat ze de stad niet beter kende, de KBC-toren was al lang weg en ze wist niet op welke manier ze er het beste kon komen.

Straat in straat uit, maar de toren zag ze niet. Even verderop hoorde ze mensen komen en zonder nadenken zette ze zich op de stoep tegen de muur met haar hoofd naar beneden, wachtende op haar slachtoffers.

Het waren een man en een vrouw van welgestelde aard. Hij had een mooi zwart kostuum dat zo te zien wel wat kostte, zij had een lange rode jurk, hoge hakken en veel juwelen. Perfect, dacht ze.

De twee hadden het verkeerde steegje gekozen, het koppel liep voorbij zonder om te kijken naar Zéni. Alleen kon ze merken dat de man zijn neus optrok voor de geur die ze verspreidde. Toen ze voorbij waren gelopen stond ze op en greep de man langs achter bij zijn nek.

Ze bukte zich en draaide zich tegelijk om zodat hij over haar rug op de grond viel, ondertussen had ze de man zijn nek al gebroken en zich op de vrouw gericht voor ze kon gillen.

Zéni trapte tegen de binnenkant van haar knieschijf die zich verplaatste waardoor de vrouw instortte en gaf haar toen een knietje tegen haar slaap.

Toen dat alles met uiterste precisie gedaan was legde ze het koppel aan de kant en begon de vrouw te ontdoen van haar kleren. In de handtas vond ze natte doekjes en wat make-up om het eruit te laten zien dat ze enkel een heftige avond had gehad en niet dat ze uit het riool kwam.

Ook vond ze voor driehonderdzesentwintig euro aan geld een autosleutel van het merk Audi en een ticket van parkeergarage Brabo.

Onhandig op de hakken en in de rode jurk liep ze de steeg uit en keek ze nog eens om om te zien of het koppel goed was verstopt. Geen een moment voelde ze een schuld tegenover het koppel.

Ze liep de steeg uit en zag aan haar linkerkant de KBC-toren en stond ze op het midden van de Meir. Ze liep richting de toren, aan het einde van de Meir, waar de straat opsplitste in de eiermarkt en de schoenmarkt pakte ze de laatste van de twee.

Ze liep verder tot aan de plek waar de bus wachtte en zag een groot bord met daarop Brabo parking. Ze liep naar binnen en was blij dat het midden in de nacht was dat er niemand op straat was. Ze vroeg zich wel af welke dag het zou zijn en wilde dat ze eraan had gedacht om naar een gsm te kijken van de man of vrouw om de dag en tijd te zien. Maar ja, niets aan te doen, dacht ze filosofisch.

Ze deed haar lange bruine haren voor haar ogen voor het geval er camera's zouden zijn en hoopte dat ze een beetje een voorsprong had op de politie die Amy waarschijnlijk wel gepakt zouden hebben. Ze vond het heel erg jammer voor haar want ze was gehecht geraakt aan die zotte doos, maar zoals ze zelf zei: familie gaat voor.

Ze moest iedere autoplaats voorbijgaan om de auto te zoeken met de afstandsbediening van de auto. Op de tweede verdieping, verstopt tussen een KIA en een Volkswagen, stond een grijze Audi A5 sedan.

Ze deed de auto open, stapte in, startte de auto en keek even rond. Het interieur was in rood leer bekleed met wit stiksel, in het midden rechts van het stuur was er een scherm uitgeschoven toen ze de motor startte. Op dit scherm was nu een kaart te zien van Antwerpen en de radiozender 107.5, Radio Stad als ze het juist had.

De hakken moesten uit en het was even sukkelen, ze zette haar stoel goed en scheurde plankgas uit de parkeerplaats, de banden piepten over de vloer en ze stopte verderop met piepende banden bij een betaalautomaat.

Ze moest twintig euro betalen, wat tot haar geluk geen probleem was, dat koppel was een geschenk uit de hemel geweest.

Eenmaal betaald reed ze de parking uit, draaide naar links een steeg in die uitkwam aan de kaai. Daar draaide ze naar rechts richting het

MAS, voorbij Total tankstation Bonaparte en naar de brug naar Merksem.

Toen ze daar op reed bedacht ze zich op tijd en draaide aan het stuur naar links om verder te rijden naast de brug en dan via de Skyclub aan het Albertkanaal, omdat als ze via de bioscoop reed er enorm veel politie kon staan.

Ze reed voorbij de Skyclub, draaide de bocht mee en hield haar adem even in toen ze lichten zag. Een oude groene Opel Astra passeerde haar zonder problemen en ze kon verder rijden.

Ze reed rustig maar gestaag verder naar Schoten en keek ondertussen op de klok, het was toen uur in de nacht en het zou tien tot vijftien minuten duren voor ze in Schoten was en dan moest ze de veiligste weg naar het park zoeken.

Ze reed de eerste paar straten naar Schoten voorbij en reed naar de brug die ze in Schoten kende als de brug van "den breker" het Stort.

Daar draaide ze af, ging de brug naar beneden en reed de Verbertstraat uit, kwam aan de rotonde, nam de derde afslag en reed in de Jozef Hendrickxstraat. Die reed ze uit en ze draaide links de Kasteeldreef op.

Deze straat was bekend in Schoten voor de mooie baan met villa's aan weerszijden van de baan met bomen om de zoveel meter en aan het einde van de staat achter een gebogen poort het oude kasteel van Schoten. Waar de graaf van Schoten jarenlang had gewoond en wat nog altijd als Schotenaar een geweldig zicht was.

Ze reed de baan uit en voor de poort draaide ze een zijstraatje in naar de parkeerplaats. Daar parkeerde ze de auto en schakelde de motor uit.

Ze bleef er wachten en wachten, de stilte was weer moordend en ze voelde de vermoeidheid over zich heen vallen nu ze ontsnapt was. Ze vroeg zich af of de politie al achter haar aan was gekomen en of dat Amy iets was overkomen, ook dacht ze even aan het koppel dat ze had moeten vermoorden en even had ze spijt.

Ze werd wakker en toen ze op de klok keek was het zes uur in de morgen, ze keek om zich heen of ze al een nieuwe auto zag maar er was niets te zien. Ze rekte zich uit en liet haar hand even rusten op de passagiersstoel.

Daar raakte haar hand iets kouds en metaalachtig aan, ze schrok en keek naar rechts. Er lag een sleutel met een papiertje eronder.

"Kruispadstraat 61

PS We hebben de nummerplaat vervangen van de auto, je kunt hem nu gebruike

Ze startte de auto weer en reed verder naar het adres. Het adres was een appartement waar ze als jong meisje altijd naartoe trok als ze weer was weggelopen, ze had er veel meegemaakt. Ze was er een paar keer binnengebroken in haar jonge jaren toen het nog leegstond en was er ontmaagd door haar eerste vriend.

Nu stond er op de plaats waar vroeger een huis was een pizzazaak met twee appartementen boven.

Ze parkeerde de auto op de daarvoor bestemde plaats, en stak de sleutel in het sleutelgat, ging naar boven en kwam voor een bruine deur die op een kier stond.

Ze kwam in een smalle witte gang met aan de rechterkant drie deuren en de linkerkant twee deuren.

De eerste deur aan de rechterkant was een mengeling van een kast om de jassen en schoenen in te hangen en zetten. De tweede deur was een gemiddelde badkamer met een wc, bad en dubbele wastafel. De derde deur was van een gigantische woonkamer met enorme ramen.

Ze ging terug naar de gang en keek naar de andere twee deuren, de eerste het dichtst bij de voordeur was van een slaapkamer. Daarbinnen was een kingsizebed met twee lichtbruine nachtkastjes en aan het voeteinde tegen de muur een televisie tegen de muur gehangen.

Ze liep terug naar de woonkamer, die was opgebouwd met links van haar het ontspangedeelte, er stond een zwart stoffen L-bank, een strak zwart salontafeltje met een soort zwart schapenmatje onder en weer een grote televisie.

Achter de bank was de eetkamer met een simpele tafel en een dressoir. De ramen lieten de kamer zijn rechte vorm vergeten en liepen als een diagonaal van muur naar muur, het terras was zo groot dat er een grote tafel en barbecue op konden en er nog veel plek op was.

Terug binnen zag ze een open witte keuken met alle apparatuur die ze nodig had.

Er lag weer een sleutel met een papiertje op tafel.

"Dit is de sleutel van de deur hier boven, dan kun je de deur altijd achter je op slot doen. Er ligt ook een gsm in je nachtkasje en je doelwit is daarop te vinden"

Ze pakte de sleutel, deed die in haar zak en liep naar de slaapkamer. Toen ze de gsm opstartte zag ze als screensaver de foto van haar vader in de stoel en even voelde ze heel haar maag draaien en wilde ze de telefoon weggooien, maar haar wil om hem te redden weerhield haar en dus ging ze maar naar de berichten.

Daar zag ze een naam staan die haar wel naar de wc liet lopen, ze braakte alles uit haar maag en viel bijna flauw. Ze liet de douche lopen en spoelde alles van de gevangenis en uitwerpselen van haar af, toen ze uitstapte voelde ze zich proper en herboren alleen haar doelwit lag op haar maag.

Haar doelwit was niemand minder dan John van Braban, het was de beste vriend van haar vader en hij was ook gekozen als haar peetvader. Waarom zouden ze hem dood willen? En een betere vraag was: Kan ze hem wel vermoorden? Hij was altijd bij haar zolang ze zich kon herinneren, en ze werd bevangen door schuld.

De tranen liepen voor de eerste keer vrij over haar wangen en voor het eerst in haar leven deed ze niet te moeite die te stoppen; hij was wel wat tranen waard.